商务印书馆简史

THE COMMERCIAL PRESS

（1897—2017）

中国唯一一家跨越三个世纪

历经120年岁月的出版机构

它的创立

开启了中国近现代出版的新篇章

汪耀华 著

上海书店出版社
SHANGHAI BOOKSTORE PUBLISHING HOUSE

序

不忘先贤，继续奋斗

张 众

我和耀华兄相识于2016年共同筹备商务印书馆建馆120周年纪念活动之时。因为历史的机缘，商务印书馆的总厂和第五印刷所坐落在我工作的行政区域之内。虽然由于1932年一·二八淞沪抗战中，日本帝国主义的野蛮轰炸，曾被誉为世界三大出版机构之一，雄冠亚洲的商务印书馆，及其所创办的亚洲最大的图书馆——东方图书馆的相关建筑早已不复存在，但是，在“为国难而牺牲、为文化而奋斗”精神的激励下，商务印书馆凤凰涅槃、浴火重生！跨越三个世纪，历经一百二十年的风风雨雨，牢记“昌明教育、开启民智”的初心，为中国现代文化的孕育和发展、为中华民族传统文化的存续和传承、为中国现代出版的创立仍然在不懈奋斗着。

2016年11月，我和无数阅读过商务版图书的国人一样，在为商务印书馆的辉煌历史感念的同时，希望通过举办一次为其庆生的纪念活动去感恩先贤们为中华民族所作出的贡献。商务印书馆的历

作者系上海市静安区文化和旅游局副局长。

史极其丰富广博，我们正苦于缺乏专家指导、参与的时候，耀华兄来了。此时我才知道，耀华兄精通商务印书馆馆史、上海出版史和中国出版史，正好解我们的燃眉之急。我们筹备商务印书馆的纪念展活动时，已临近2016年年底，而商务印书馆创办120周年的纪念展必须在2017年的2月11日，也就是纪念日当天举办，中间还夹着元旦和春节等节假日，时间十分紧迫。耀华兄话语不多，但句句切中要点。更重要的是，他毫无专家的架子，慨然允诺撰写展览内容的要求。凭借其深厚的学术功力，在很短的时间里，耀华兄完成了这个十分艰巨的任务，确保了商务印书馆创办120周年纪念展的顺利开展。

今年端午节前不久，突然接到耀华兄的电话，告诉我他在原来的展览内容基础上撰写了一本《商务印书馆简史》，请我为新书作序，让我诚惶诚恐，不敢答应。没想到耀华兄一句“此书因你而起，我只找当事人”的话，让我无法推让。想到他这几年对我的支持和帮助，我也只好勉为其难了。

端午期间，拜读了书稿的电子版，惊喜地发现，耀华兄为此书真是又下了一番功夫。不但内容有了很大的充实，而且增加了很多珍稀的历史照片，历史阶段的划分也更加准确清晰，让我再一次领教了他的学术功底。我相信此书的出版一定会为商务印书馆的历史研究、为上海乃至中国出版史的研究提供独特的视角和学术贡献。

我衷心期待耀华兄继续努力，为中国的出版事业和出版史研究作出更大的贡献！

是为序。

2019年6月9日

目录

1897—1902

起步

1897年2月11日（清光绪二十三年丁酉年正月初十），夏瑞芳、鲍咸恩、鲍咸昌、高凤池在上海江西路德昌里创立商务印书馆，初期以招揽印刷为目标，后来才进一步踏入出版业。

1898年，出版《华英初阶》《华英进阶》，代印《昌言报》《格致新报》。

1897

创业四杰

夏瑞芳（1871—1914），字粹方，上海青浦县人。

鲍咸恩（1861—1910），浙江鄞县人。

鲍咸昌（1864—1929），字仲言，浙江鄞县人。

高凤池（1864—1950），字翰卿，上海上海县人。

这四位都是教会设立的清心书院工读生，习英文印刷。此时，夏瑞芳在《捷报》报馆任排字领班，鲍咸恩在《捷报》报馆任排字工，鲍咸昌在美华书馆任排字工，高凤池任美华书馆华方经理。四个有梦想的年轻人不堪忍受英国经理经常性的无端训斥，深感痛苦，决心自谋出路。因此，邀请亲戚朋友联合集资3750元，创办了这家印刷工场，取名为商务印书馆，夏瑞芳为经理主持营业，鲍咸恩任编译校对各事，鲍咸昌任印刷管理，高凤池起初几年仍在美华任职，常为商务添办材料或作短期担保等。

夏瑞芳

鲍咸恩

鲍咸昌

高凤池

1897

印刷起家

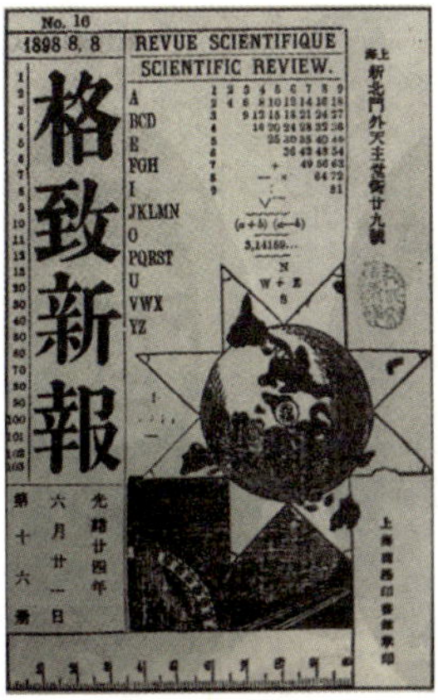

No. 16

1898 8. 8

REVUE SCIENTIFIQUE

SCIENTIFIC REVIEW.

格致新報

光緒廿四年六月廿一日

第十六册

《格致新报》

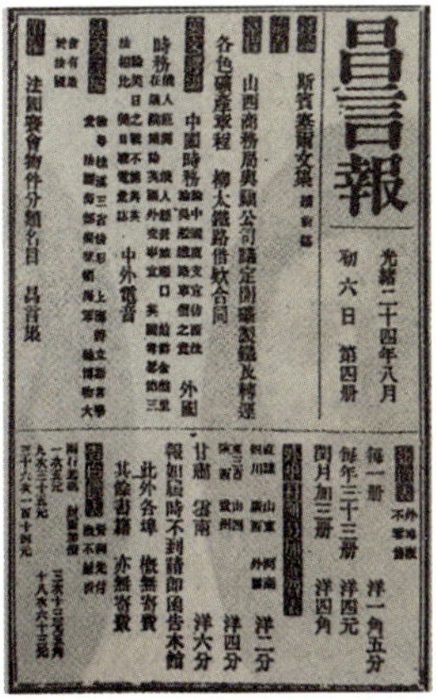

昌言報

光緒二十四年八月初六日

第四册

《昌明报》

商务印书馆创办于一个变革的时代环境中，觉醒了的知识分子办报、办学，西学东渐，使得新式印刷有了发展的空间。

商务的四位创业者通过集资，买了三号摇架三部、脚踏架三部、自来墨水板架二部、手揿架一部和一些中英文铅字器具，租借江西路德昌里三间民居开业。当初的目标，只要每个月有六七百元的生意，就不错了。

因为以前的人脉和教会机构的印刷品，生意来源也是有把握的。

1897年初设在江西路德昌里的厂屋

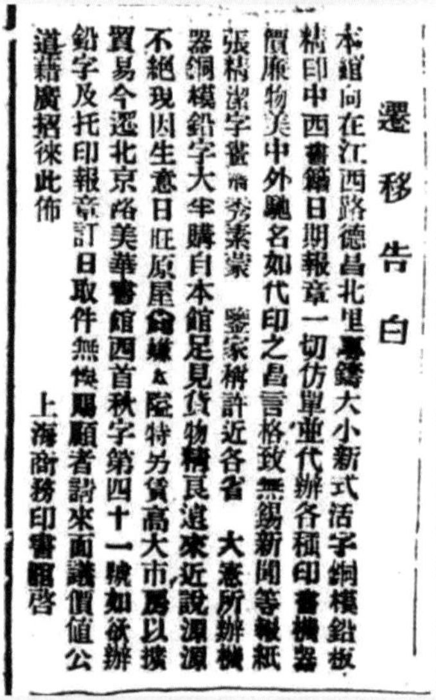

遷移告白

本館向在江西路德昌北里專鑄大小新式活字銅模鉛板精印中西書籍日期報章一切仿單並代辦各種印書機器價廉物美中外馳名如代印之農言格致無錫新聞等報紙張精潔字畫清秀素蒙　鑒家稱許近各省　大憲所辦機器銅模鉛字大半購自本館足見貨物精良遠來近說源源不絕現因生意日旺原屋窄嫌太隘特另賃高大市房以擴貿易今遷北京路美華書館西首秋字第四十一號如欲辦鉛字及托印報章訂日取件無悞賜顧者請來面議價值公道藉廣招徠此佈

上海商務印書館啓

1898年9月12日，《中外日报》刊发商务印书馆“迁移告白”

1898

出版《华英初阶》《华英进阶》

1898年9月17日，《中外日报》上的商务印书馆“新出《华英初阶》”广告

《华英初阶》原书是英国人为印度人编写的英文普及读本。商务创办后邀请谢洪赉牧师进行中文注释后出版，使初学英文的中国人有了启蒙教材。

《华英初阶》初印两千册，通过向学校等机构推荐后，迅速售出，旋即再印，并推出《华英进阶》（五集），使众多读书人获得了第一种启蒙读物，也使商务开始由印务向出版“转身”。

代印《昌言报》《格致新报》（1901年代印《外交报》）。之后，商务开始编印字典辞书，翻译书籍，出版了《马氏文通》（木刻本）、《商务书馆华英字典》《华英地理问答》、译本《帝国丛书》等。

《华英初阶》

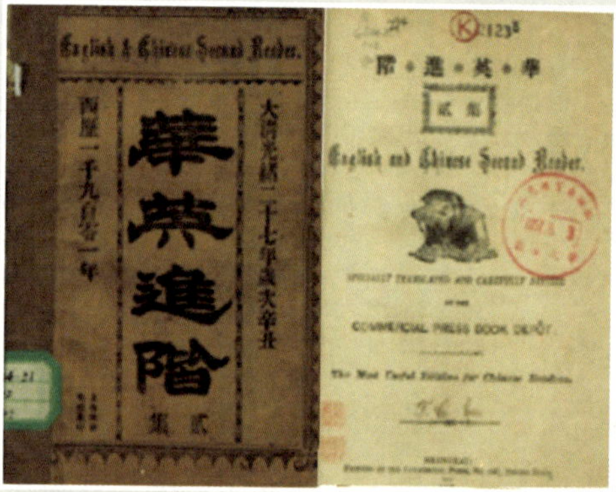

《华英进阶》

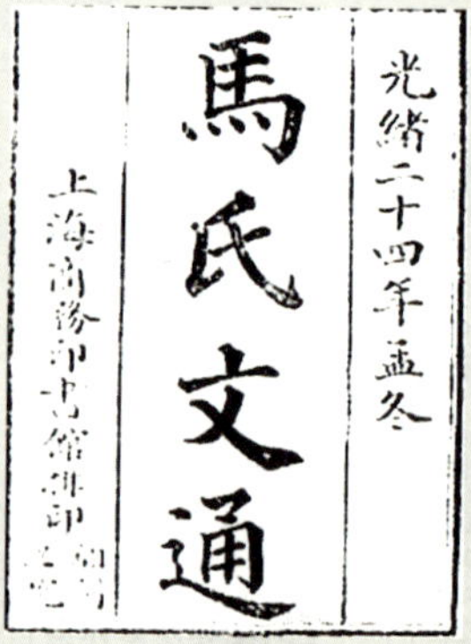

《马氏文通》

《华英地理问答》

1901

集纳贤才

张元济在南洋公学

棉纺业实业家印有模

1901年，张元济、印有模向商务投资。于是，商务股东们在福州路昼锦里聚丰园开会，将创业资金3750元提升六倍，达26250元；加上张元济、印有模两人投资的23750元，合计5万元。

之前，棉纺业实业家印有模因印刷广告单据等事务与夏瑞芳相识，在夏瑞芳资金周转困难时予以支持。他获悉日本人经营的修文印刷局要出让时便与商务联合盘入，使商务成为一家拥有现代自动化印刷机械的企业，在中国印刷业中首次使用纸型印书。

张元济时任南洋公学译书院院长，着手翻译政史技艺诸书。于是，编书的张元济与印书的夏瑞芳有了业务联系，互为补充，相互欣赏。张元济也投资商务，使商务在获得资本支持的同时，收获了贤才的加盟。

北京东路顺庆里印刷工厂

1902

增设新印刷所

1898年6月，商务印书馆业务拓展顺利，原有厂房已不敷使用，进行了第一次搬迁，把印刷厂迁到了北京东路顺庆里，更新了设备，提高了生产力。

1902年，却遭遇一场大火烧毁了印刷厂。幸亏当时有保火险，获得了一笔赔偿金，立即在福建北路海宁路自建了新厂房，这是第二次搬迁，走出了使商务足以立身并成为印刷企业的重要一步。

1902年，福建北路海宁路自建的新厂房

商务书馆华英字典

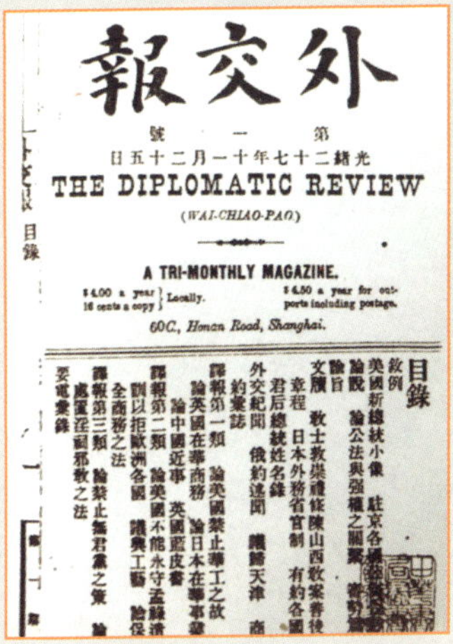

外交報

第一號

光緒二十七年十一月二十五日

THE DIPLOMATIC REVIEW

(WAI-CHIAO-PAO.)

A TRI-MONTHLY MAGAZINE.

$4.00 a year / 16 cents a copy } Locally.

$4.50 a year for outports including postage.

60C., Honan Road, Shanghai.

目錄

敘例

美國新總統小像 駐京各

論說 論公法與強權之關繫

諭旨

文牘 敕士教祟禮條陳山西教案善後章程 日本外務省官制 有約各國君后總統姓名錄

外交紀聞 俄約述聞 議歸天津 商約彙誌

譯報第一類 論美國禁止華工之故 論英國在華商務 論日本在華事業 論中國近事 英國藍皮書

譯報第二類 論美國不能永守孟祿遺訓以拒歐洲各國 議興工藝 論保全商務之法

譯報第三類 論禁止無君黨之策 論處置淫祠邪教之法

要電彙錄

《外交报》

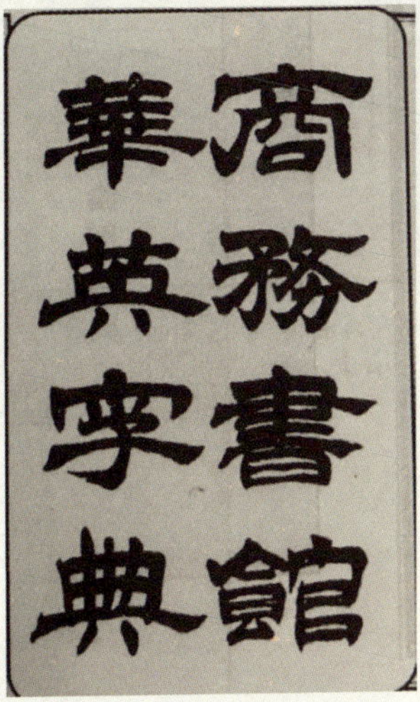

商务书馆华英字典

1902–1920

开创

1902年，张元济进馆，聘蔡元培为编译所所长。

1903年，组建成立商务印书馆有限公司，吸收日资，改进印刷。在汉口设立第一个分馆，张元济任编译所所长。

1905年，在北京虎坊桥设京华印书局。

1907年，印刷所、编译所闸北宝山路新厦落成。

1909年，举行董事局第一次会议，公推张元济为主席。

1910年，鲍咸恩病逝。

1911年，参加德国万国博览会，得最优等金牌。

1912年，上海发行所新厦在棋盘街（河南中路211号）落成。郑孝胥任董事长。

1913年，伍廷芳任董事长。

1914年，董事会收回日本股份。创办人、总经理夏瑞芳遇刺逝世，印有模继任总经理。

1915年，总经理印有模病逝，高凤池代。出版《辞源》。

1916年，高凤池任总经理，张元济任经理。

1918年，高梦旦任编译所所长。

1920年，鲍咸昌任总经理，张元济、高凤池任监理。

THE COMMERCIAL PRESS LTD

戊戌维新时的张元济

张元济四十岁时

1902
张元济进馆

张元济，字筱斋，号菊生，浙江海盐人，1867年生。1892年中进士，后任刑部主事、总理各国事务衙门章京。戊戌维新时被光绪帝破格召见，政变后被革职。1898年冬至上海任南洋公学译书院院长，后任公学总理（校长）。1901年与蔡元培创办并主编《外交报》、投资商务印书馆。

1902年进馆，与夏瑞芳相约“以扶助教育为己任”，在商务从一个印刷企业发展为中国最大的现代文化出版企业的进程中，是一个开辟草莱的人，起了举足轻重的作用。

赴国外考察时的张元济

陈叔通曾说：“商务后来发展成为出版家，而且成为解放前我国最大的出版家，不能不归功于夏瑞芳和张元济。商务的主要创办人是夏瑞芳。夏是一个有雄心的企业家，夏与张结合才为商务成为一个出版企业奠定了基础。”

1902

蔡元培、张元济先后主持编译所

蔡元培，字鹤卿，号孑民，浙江绍兴人，1868年生。1902年初张元济入职后协助创设编译所，推荐蔡元培担任所长。

于是，蔡元培受聘商务印书馆任编译所所长，筹划并编撰中小学教科书。半年后，却发现所编的《蒙学课本》十册已经不适用。此时，蔡元培已在爱国学社、中国教育会任职。

1902年8月，张元济开始主持教科书编撰工作。1903年主持编译所，直至1918年由高梦旦接任。这一时期，商务编印了多种教科书、参考书、工具书、翻译书，使商务成为当时全中国最大、最有影响力的出版企业。

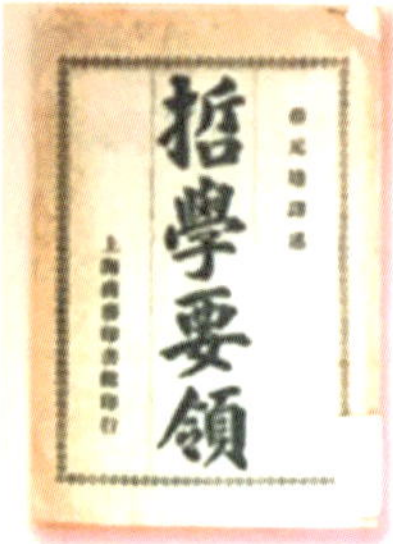

1903年蔡元培译《哲学要领》

编译所之一

编译所之二

印刷厂内景

商务印书馆

本馆经始于民国纪元前十五年丁酉正月，赁小屋三椽于上海英租界江西路德昌里，购印机二具，从事印刷。翌年六月，移北京路，有屋十二楹，规模稍扩。壬寅七月不戒于火，乃建印刷所于美租界北福建路，同时设发行所于棋盘街。癸卯正月又置编译所于蓬路，乙巳于北河南路北宝山县境，建设印刷所、编译所。丁未四月落成。己酉重建发行所，庚戌四月落成。分馆之设，始于癸卯，以次推广，刻各省已设分馆者，凡二十二处。乙巳遵照商律，定为有限公司，呈请商部注册，先收股本三十万元，后经陆续推广，现已实收一百三十万元。

——《商务印书馆成绩概略》（民国二年四月）

1903
公司改制

1903年10月，商务印书馆在1901年资本达5万元的基础上再增资5万元凑成10万元，与日本公司金港堂联合。经过协商，两家公司各出一半的资本，以20万元资本组成股份有限公司，1905年12月依清朝政府商律规定注册，成为中国首批股份公司之一。

由此，商务成为中国最早推行决策权和经营权分离的民营企业。股东是投资者，股东大会是最高决策机构，并推选出董事局（会）代行决策，董事局聘任总经理处理业务和公司运作，形成“股东大会 → 董事会 → 总、副经理 → 三所（编译所、印刷所、发行所）→ 职员”的组织结构，使商务从家族成员、朋友合资成立的印刷工场迅速成为一家经营管理现代化的印刷出版企业。

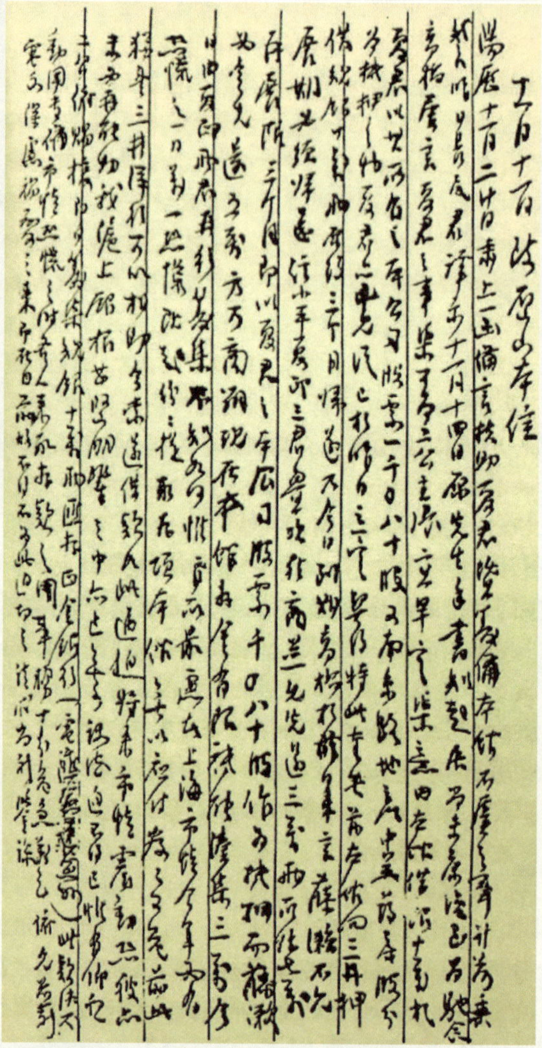

商务印书馆与金港堂讨论合资的信函

1903
名流汇聚

商务印书馆自从张元济入馆，组建编译所后的十多年中，众多学者名流陆续加入编译工作，形成一个知识分子群体的汇聚点和落脚地，也成为中国书业领袖人物的实训基地。中华书局、世界书局、大东书局、开明书店的掌门人都有在商务工作的经历。虽然工作年限有长有短，但对于出版业的贡献均青史留名，他们是：

1902年，蔡元培、高凤岐（高梦旦长兄）；1903年，高凤谦（梦旦）、蒋维乔（竹庄）、庄俞（百俞）；1904年，杜亚泉、郁厚培；1906年，陆尔奎、谢洪赉、高凤岐；1908年，邝富灼、孟森、陆费逵；1909年，孙毓修、傅运森；1910年，方毅；1911年，钱智修；1912年，章锡琛（雪村）；1913年，李拔可；1914年，胡愈之；1915年，陈叔通；1916年，沈德鸿（沈雁冰、茅盾）；1917年，蒋梦麟、吴研因；1918年，郑贞文、董亦湘；1919年，廖陈云（陈云）、万籁鸣；1920年，陈布雷、谢六逸、周昌寿……

胡愈之

茅盾

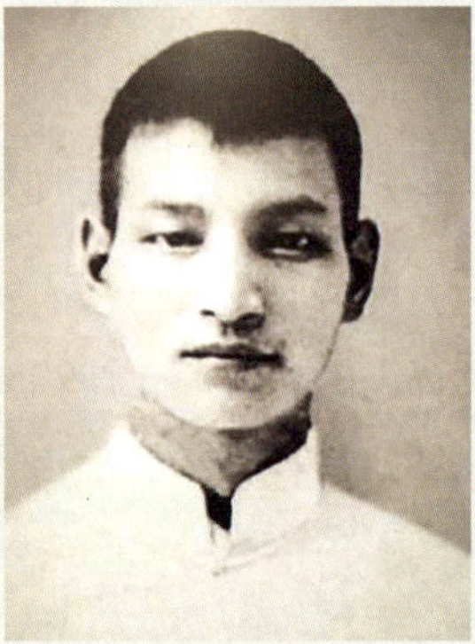

廖陈云（陈云）

高梦旦

1903
印刷革新

商务印书馆是靠印刷起家的，1903年与日本公司金港堂的合作，使其在改进印刷技术方面取得可喜的跨越。

通过合资，双方互派印刷人才进修，尤其是通过日本技师的指导，使商务从以往只能从事铅印的困境中迅速取得突破，开始有了照相制铜锌版、铜版雕刻、黄杨木雕、五色彩印……

1909年，商务聘请美籍技师指导，改进铜锌版和三色铜版；1912年设立铁工制作部，制作印刷机器和理工仪器，开始使用镀铜胶；1913年使用自动铸字机，1915年首次引进彩色胶印机……

通过“自给自足”、“全方位”多元的方向发展，使印刷机械成为企业的商品，成就了“铅字铸造家”的美誉。

商务员工与外籍技师合影

彩色活版印刷品

影写版印刷品

1903

开设分馆

汉口分馆

1903年，商务印书馆第一个分馆在汉口设立，由此开始了从上海出发向内地安营扎寨的网络布局，使上海出品的这艘中国现代出版的大船在各地靠岸建仓，为出版文化的扩散传播，形成了一个良性循环态势。

以汉口这个通商口岸为基础，在取得实践经验后，相继在北京、天津、沈阳、福州、开封、安庆、重庆等地设立分馆、支馆、支店85处，经营时间在十年以上的有近40家，通过邮路、铁路和水路源源不断地提供人类文明的结晶，为读者打开了一扇知识的窗户。

成都分馆

上海静安寺支店

天津分馆

1904
创办杂志

商务的“杂志群”时称“十大杂志”，通过传播近代学术思想，引导国内的思想文化教育新思潮，成为中国杂志史上极为重要的一个章节。

1904年创办《东方杂志》，以“启导国民、联络东亚”为宗旨，通过以撰译论说、广辑所闻，开社会风气。历任主编为徐珂、孟森、杜亚泉、胡愈之等。1948年停刊，共出44卷，816期，是近代中国出版历史上最悠久的大型综合性杂志。

《绣像小说》半月刊，李伯嘉主编，1903年创刊，1906年停刊。

《教育杂志》，陆费逵等主编，1909年创刊，1948年停刊。

《小说月报》，恽铁樵主编，1910年创刊，1932年停刊。

《少年》杂志，孙毓修主编，1910年创刊，1931年停刊。

《学生杂志》，1914年创刊，1947年停刊。

《妇女杂志》，1915年创刊，1931年停刊。

《英文杂志》，1915年创刊，1927年停刊。

《英语周刊》，1915年创刊，1937年停刊。

《儿童世界》，1922年创刊，1941年停刊。

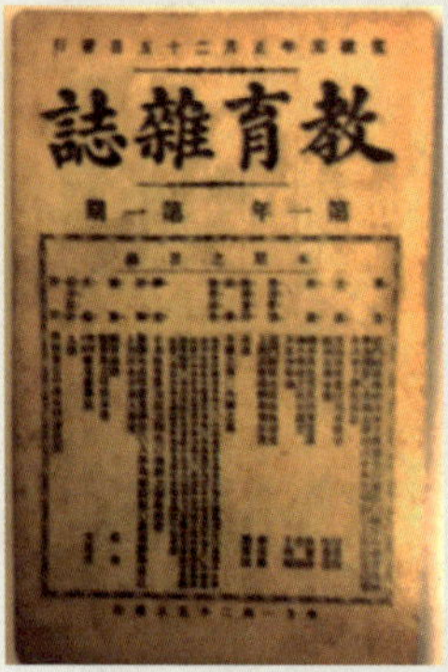

少年

THE STUDENTS' MAGAZINE
VOL. X JUNE, 1923 NO. 6
學生雜誌
學習法專號
COMMERCIAL PRESS, LIMITED
商務印書館印行

婦女雜誌
第九卷 第九號
家庭革新號
Vol. IX, No. 9, September 1, 1923.
上海商務印書館發行

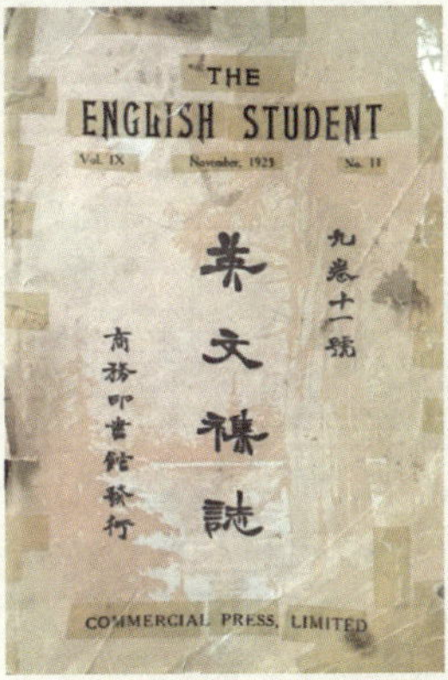
THE ENGLISH STUDENT
Vol. IX November, 1923 No. 11
英文雜誌
九卷十一號
商務印書館發行
COMMERCIAL PRESS, LIMITED

English Weekly
OCTOBER 2ND, 1915
英語週刊
民國四年十月二日
每逢星期六日出版
Price 4 cents
No. 1
Commercial Press, Ltd., Shanghai
上海商務印書館發行

兒童世界
新年特大號
第二十四卷
第一期
(新五十五號)
商務印書館

定期刊物

为介绍及传播新知识和提高国内一般文化水准起见，曾编印多种定期刊物。商务本身编印的杂志、画报（其中《少年画报》《东方画刊》和《健与力》都是用影写版印的）和同时为各团体学会机关代理发行的杂志，最多时合计在二十种以上。

——《商务五十年》（1950年9月）

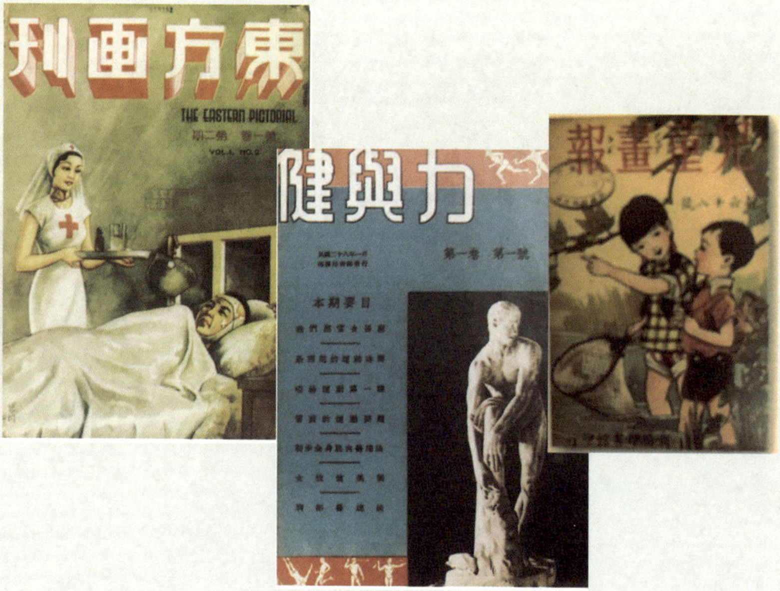

1904

出版教科书

商务印书馆出版中小学教科书从1904年12月推出《最新国文教科书》（第一册）开始，出版不及两周即洛阳纸贵。历时两年，这套由张元济、高凤谦、蒋维乔、庄俞等和日本同事共同参与编辑的10册教科书及教授法出齐。同时，出版了修身教科书10册、算术教科书5册、珠算教科书2册、格致教科书3册、地理教科书4册、中国历史教科书4册、理科教科书4册、女子初小国文及修身教科书各8册、女子高小国文及修身教科书各4册……

这些教科书盛行了十余年，行销数百万册，曾经占全国教科书供应量的80%。

之后，商务还出版了《共和国教科书》《新法教科书》《新撰小学教科书》《复兴教科书》《职业学校教科书》等。

据张菊生先生、高梦旦先生见告，编辑是书（最新教科书）时，聘有一位日本学者及教育家为顾问，首先取日本的小学教科书，研究其教材，次就我国人最常用之文字与应具有之常识，编定大体的计划。执笔人为富有教育经验之高梦旦、蒋竹庄、庄百俞诸君。每成一课，菊生先生辄亲自主持，与执笔诸君，字斟句酌，务求取材切当，浅显易解。因此，任何一册之小学教科书，皆集各方面之人才，研求至当。换句话说，就是集各方面的智能而成。所以这一套小学教科书，虽然是毫无凭借的创作，却不失为最优良的课本。

——王云五《岫庐八十自述》（1967年1月）

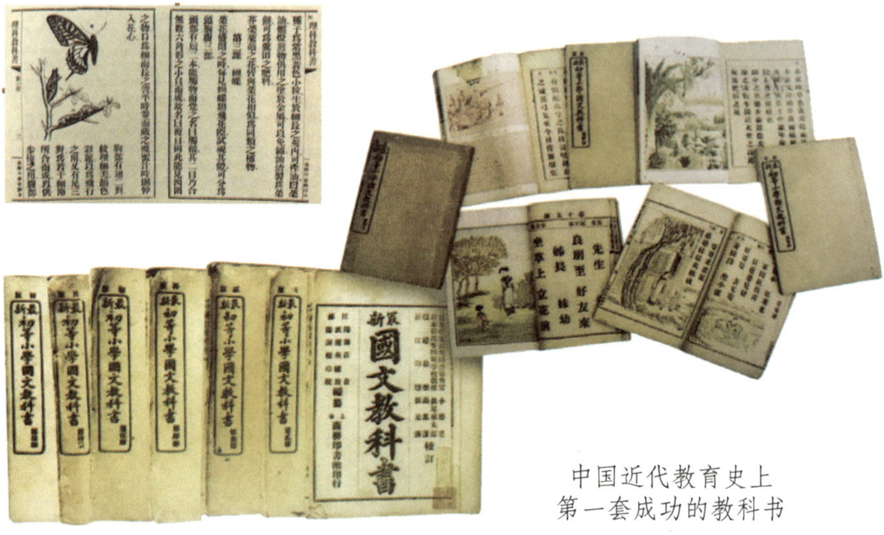

中国近代教育史上
第一套成功的教科书

尚公小学校学生

1905
创办学校

1905年，商务印书馆开始在编印教科书的同时，尝试自行创办学校，围绕“以简易方法讲习各学科，以养成小学教员之用”的宗旨，创办了速成小学师范讲习班及附属小学，校舍设在文监师路（塘沽路）文昌里。张元济、蔡元培、杜亚泉等都曾担任老师。

1907年，速成小学师范讲习班停办，附属小学改名为“尚公小学校”，迁址浙江北路和康里，由蒋维乔担任校长。同时，设立了养真幼稚园，招收商务同仁及附近地区的居民子弟入学。

1909年，创办商业补习学校、艺徒学校，由张元济任校长。

1915年，又创办函授学社，分为英文科、算术科、国语科、国文科、商业科等，便利各地学生在家进修，推广社会教育与平民教育。

1916年，尚公小学校又迁址宝山路西宝兴里。

通过扩充函授学社，创办仪器标本实习所、上海国语师范学校、兴办励志夜校等，既为社会培养了人才，实地检验所编教材的实用性，也为商务提供了职工继续教育的便利和后备职工的培养。

1905年尚公小学校校舍

学校

本公司自前清光绪三十一年迄今，已办师范讲习所、商业补习学校、艺徒学校、国语讲习所、国语师范学校、师范讲习社等十余所。

现有尚公学校、养真幼稚园、平民夜校、励志夜校等，开办亦已甚久，其近况如下：

甲、尚公学校　成立于清光绪三十二年，至民国四年间，由公司拨款购就宝山路后面基地二亩余，自建校舍。现有学生八百人。历年之经常费，由校董会筹议，请公司酌量津贴之。

乙、养真幼稚园　清宣统二年正月开办，现有儿童百余人，大半为同人及附近未及学龄之子女。

丙、平民夜校　附设于尚公学校内，设高级、初级各一班，学生一百十余人，已毕业者亦称是。

丁、励志夜校　学生百余人，成绩甚佳，公司同人入学，酌与免费。

同人子弟学校　校为印刷所工会特组教育委员会所主持。现有学生六百余人，经常费由同人捐集及公司津贴之。

函授学社　函授为辅助教育之良法，本公司开办有年，兹述各科成绩如下……

——《商务印书馆志略》（1929年7月）

养真幼稚园儿童游戏

1905

出版《天演论》等经典著作

严复

1905年，商务印书馆出版了严复翻译的《天演论》（[英]赫胥黎著）。作为商务出版的外国新知识翻译书中影响最大的一种，从1905年到1927年，此书共印行了32版，对当时的知识分子产生了重大的影响。

严复一生最大的成就是致力于翻译介绍西方思想，提倡“信、达、雅”，曾在商务出版《国富论》《群学肄言》《群己权界论》《穆勒名学》《社会通诠》《法意》《名学浅说》等。

同期，商务印书馆还出版了蔡元培翻译的《哲学要领》，林纾翻译的《伊索寓言》，马建忠翻译的《日俄战纪》，周作人翻译的《红星佚史》等，在一手抓教科书一手抓经典名著的同步出版上获得了学界的好评。

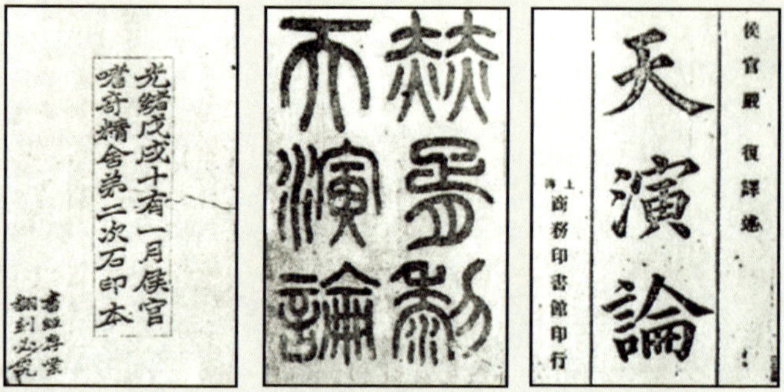

《天演论》

翻译家林纾及其译作《茶花女遗事》

《群学肄言》

《群己权界论》

《英华大辞典》

1907

印刷所、编译所新厦落成

1907年4月，商务印书馆印刷所、编译所在上海宝山路新厦落成。地基32亩，厂屋用洋式，依最新建筑法造成。

计有正厂、后厂、栈房、重要品栈房、照相制版部、订书厂、木工厂。厂区内一切应有设备无不完全，更设直径六寸的铁管，引入自来水，又备吐水台及水龙等，以防火灾。设轻便铁道于正厂及大栈房之间，以便搬运；沟渠完备，以导污水；又有花园，占地六亩。

此时，印刷所分设17个部，职员、职工有1330余人，在外印刷装订约千人，内有欧美人3名，日本人13名。

编译所为洋式三层楼，占地8000平方米，分为13个部，有102人（特约在外编译者未计）。在印刷所北首的东宝兴里、西宝兴里建有职工宿舍和居民住宅。

经过这次搬迁也是第三次搬迁，商务的规模更加壮大，企业基石也更为牢固。

民国十年一月十一日午后三时，开特别董事会议，……郭鸿声君提议，年来各处教育团体来沪调查、考察者甚多，乃此间向办教育事业者，谨只迎送招待，于实际毫无贡献，甚觉可惜，最好由本公司发起组织一机关，亦可将本馆出品陈设，以供采择，果能进行，于教育前途必大裨益。弟于上年二月间曾拟有意见书一份，送交公司，经即检呈公阅。庄伯俞君谓此项陈列所不妨即设于工人俱乐部，以备“教育考察团”参观，休息之时，可以任意浏览，如何之处？应请会议。郭鸿声君谓此项提议并非正式议案，不过聊供研究，经会议，应俟总务处议有具体办法，再行报告董事会。

民国十年八月十六日午后三时开特别董事会议，……二、筹备工友公益建筑三层楼俱乐部，由公司津贴建筑费三分之一，并定名为“商务印书馆同人俱乐部”案，前经民国八年份股东常会议决，在八年份红利项下提存特别公益费五万元为筹办“工友公益”之用，当由总务处推定专员筹办，议定建筑“俱乐部”为全公司工友及办事人公余休息之所，并附设演说庭、消费店、影戏场、浴室等项，并报告九年份股东常会在案。当交工程师估计，先造前面两层，约需银一万二千两。旋以闸北地亩价格日高，将来扩充颇为不易，不如改造三层较为合算，其第三层房屋留归公司应用。造价以银一万五千两为限，由公司津贴三分之一。至该俱乐部名称定为“商务印书馆同人俱乐部”，统祈公决，经会议议决……

民国十一年三月二十一日，第二百七十次会议，到者：郑苏戡先生、鲍咸昌先生、高翰卿先生、李拔可先生、黄任之先生、金伯屏先生、王仙华先生、谭海秋先生……

本公司原拟在厂后空地建筑“同人俱乐部”，嗣又拟由公司贴费改建三层，其第三层即留归公司应用。久经筹备后，又拟设立公用图书馆，亦经着手，并分别报告议决在各案，惟念俱乐部设在厂后，失之稍偏，故虽屡绘图样，迄未兴工。至公用图书馆更乏相当之地，若必设在租界，则屋小价昂，极不合算。且尚公小学校在宝兴西里以内，既嫌狭隘，地盘亦不敷用，将来扩充，亦须另行设法。现适总公司印刷厂对面之家庆里地

商务印书馆宝山路总厂

产出售，计地十一亩九分有零，道契为六十九号，系在高易公馆挂号，基地上建有店面、住屋，共一百四十幢，月以房租一千四百七十元，售价再三磋商，减定为规元十四万两中用二千八百两，咸昌等意如能购成，拟将同人俱乐部、公用图书馆、尚公学校一并移在该地建筑，既觉便用，又壮观，不啻为公司增一极大广告。至原有之尚公学校地基、房屋可作厂房、栈房等用。至厂后拟建俱乐部之空地亦可另作别用，实属一举两得，可否之处，敬候公决。经会议，郑苏戡君谓："地点适当，最为难得，而新近规划又将同人俱乐部、公用图书馆、尚公学校并设一处，互相利用，甚为得宜"。鲍咸昌君云："将来工界青年励志会亦可并入同人俱乐部之内。"黄任之君谓："目前购价虽较时值稍昂，数年之后，情形不同，必有觉以为廉者。"遂议决：家庆里地基房屋可以照购，惟声明将来虽建筑公益机关，但此项产业完全为公司所有，并得自由处置，一面请工程师就

编译所

地设计，将同人俱乐部、尚公小学校、公用图书馆三种建筑从速拟绘，以便估价，再行交议。

宣统二年六月初六日为本公司第三十一次董事会议之期：……四、鲍咸昌先生来信为代闸北三路巡警分局改造门面事，约费元一千两，可照办。

民国十一年七月十八日，第二百七十二次会议，……宝山路马路改用石块建筑，由公司捐助洋二千元，俟实行兴工时再行送交，曾经报告在案。现在业已兴工，又接沪北工巡捐局来函云，此项工程甚钜，经费万分支绌，要求再加捐助。当经总务处会议，以宝山路路政改良与本公司直接间接均有关系，议决再加捐一千元，前后共三千元，并行送交，特此报告。

民国十一年六月十三日午后三时，开特别董事会议，……鲍咸昌君报告沪北工巡捐局发行整顿路政公债二十万两，指定中兴路排沟填浜筑路及光复路驳岸马头路面之用，劝各业主先行认购，倘业主不购，将来造屋或翻造时，须按照每丈工程费分别贴补，中兴路左右应各贴三分之一，本公司所置家庆里地产，照该局公债章程中兴路业主占路线一丈者左右各认五十两推算，应摊认一千两。经总务处会议，以闸北路政改良于本公司直接间接均有利益，自须赞助，议决除应摊一千两照认外，加认一千两，总计二千两，分六月底、十二月底交付，谨此报告。

……

鲍咸昌君报告，编译所拟改建厕所一间，当经招人投标，以兴艺建筑公司投标之价为最低，计建筑费一千四百八十两，又加装便桶费二百八十两，共一千七百六十两，本日经总务处会议通过，特此报告。

……

童季通君提议，前在日本见有一种工业丛书，分门别类，有中学程度者即可用自习，辅助教育，良非浅鲜，深望公司亦为择著，以饷学者。明知此类书籍销路无多，然公司负学术先导之责，自宜择要编印。在会诸董事、监察人均以为然。张菊生君并云："应商编译所办理。"

童季通君又云："近见公司出版图籍间有失之陈旧，不适于用，拟请预行审查，抉别去留。"郑苏戡君云："最好由公司组织一评论会，具世界眼光，先自评论，庶出版推陈出新，更增价值。"张菊生君云："公司原有出版会议以后更当加意慎择。"

——《商务印书馆董事会议录》

（周武、陈来虎整理，下同）

1911
赛会褒奖

商务印书馆以印刷制造为职业志向之一，凡有国家或地区赛会，都承征集而参展且屡获褒奖。1911年参加德国、意大利万国博览会等，均获得最优等金牌等。1915年获政府颁发“艺苑津梁”匾额一方；1917年又获“敬教育才”匾额一方。

获美国巴拿马万国博览会
荣誉奖章

获美国巴拿马万国博览会
大奖

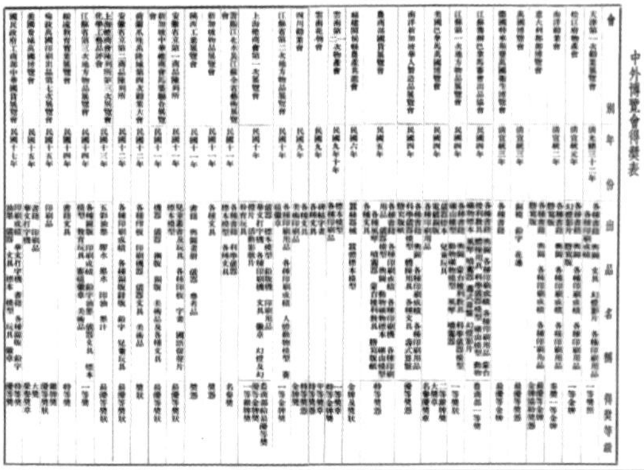

中外博覽會得獎表

會別	年份	出品名稱	得獎等級

中外博览会获奖目录

获意大利都灵万国博览会最优等金牌

获德国特莱斯登万国卫生
博览会优等金牌

1912

发行所新厦在棋盘街开业

1912年8月25日《申报》刊有商务印书馆的广告：“上海商务印书馆总发行所落成纪念大赠彩……八月二十六日起至阳历九月底……”

落座在棋盘街（今河南中路211号）的发行所新厦在1914年《商务印书馆成绩概略》中是这样被描述的：

新造洋式四层楼，占地一亩三分。下层为发行图书杂志仪器文具之所；二层楼为总（副）经理室、账务室、广告部、分庄事务处、仪器文具事务所、营业部（发售印机、代印图书）；三层楼为图书仪器栈房、发行杂志事务所、标本博物制作室及膳堂；四层楼为图书仪器陈列所、图书仪器栈房、学生课室及宿舍。四层楼之上，有屋顶平台，为瞭望休憩之所。

发行所为本馆之总机关，凡营业各事，发行所实总其成，各省分馆亦归其支配。

不久，商务的总经理室等主要管理部门也迁入了发行所新厦。

商务印书馆历年股本表列如下：

乙巳　三十万元

丙午　四十万余元

丁未　七十五万元

戊申　七十五万元

巳酉　七十五万余元

庚戌　七十八万余元

辛亥　七十九万余元

壬子　七十九万余元

癸丑　一百三十万余元

本馆遵照商律，设董事，由股东公举，兹将历年董事，表列如下：

乙巳　夏瑞芳　印有模　张元济

丙午　夏瑞芳　印有模　张元济

丁未　夏瑞芳　印有模　张元济

戊申　夏瑞芳　印有模　张元济

己酉　夏瑞芳　印有模　郑孝胥　张元济　高凤谦　鲍咸昌　高凤池

庚戌　夏瑞芳　印有模　郑孝胥　张元济　高凤谦　鲍咸恩　高凤池

辛亥　夏瑞芳　印有模　陶保霖　张元济　高凤谦　鲍咸昌　高凤池

壬子　夏瑞芳　印有模　奚　若　张元济　郑孝胥　鲍咸昌　高凤池

癸丑　夏瑞芳　印有模　张元济　郑孝胥　鲍咸昌　伍廷芳　叶景葵

——《商务印书馆成绩概略》（民国二年四月）

致包文德君启：

“凡外来印刷书籍、图画及其他各物欲托本馆代售者，务请送编译所陶惺存先生或鄙人阅定签字，方能作准，以免忙中有错，致后来多所纠葛。务祈查照办理。2/2/18。”

——张元济日记（1913年2月18日）

商务印书馆股票

商务印书馆发行所

宣统元年（1909年）八月十五日为本公司本届第十二次董事会议，……二、“儿安民託药房”託本公司分馆代售药物，因头绪纷繁，且恐他人援例要请难予拒绝，拟缓言却之。

1914
收回日股

商务印书馆通过与日本金港堂的合资经营，无论在印刷技术还是教科书编辑经验方面都获得了日方的支持。1909年3月，商务首次成立董事局作为决策机构，张元济被公推为主席，日方也有代表参与。

1912年民国成立，受到当时政治环境的影响，商务决议收回日股。双方经过两年多的谈判，金港堂同意以37.8万元售出股份。1914年1月6日商务与日方签订退股协议。

由此，双方十年合作结束。

1914

创办人、总经理夏瑞芳被刺逝世

1914年1月10日下午6时，夏瑞芳和张元济从商务印书馆发行所下楼准备回家，张元济临时转意上楼拿东西，随后就听到一声枪响，夏瑞芳被暴徒枪杀在门前。凶手在泗泾路口被警察捕获，夏瑞芳则于仁济医院去世，年仅43岁。

蔡元培在《商务印书馆总经理夏君传》中写道："君对于印刷业之尽瘁，遂以是终，知君者无不痛惜之。"又："而君所创设之事业，方兴未艾，其及于教育之影响，则展转流布而不能穷其所届，虽谓君永永不死可也。"

中国近现代出版一代高人遗憾离世。

追悼会纪事

许国英

夏君自民国三年一月十日遇害后，各界同人咸深哀悼，因设筹备追悼会事务所于上海商务印书馆发行所内，旋分布公启，略谓“商务印书馆总理夏瑞芳先生，不幸于民国三年一月十日遇害，窃思夏君生前所创事业，于我工商及教育前途，影响绝巨。骤遭惨变，哀痛实深。兹择于本年五月九日（阴历四月十五日）午后二时，在上海静安寺路味莼园开追悼会。凡我政学商界同人，与夏君有雅故者，届期敬请蒞临。再夏君夫人深明大义，拟将一切赙仪集合成数，建设学校，永留纪念。同人如赞成斯举，致送赙仪者，并请送交上海棋盘街商务印书馆总发行处张廷桂君代收是荷”云云，发起人伍廷芳、郑孝胥、周金箴、萨箴冰等一百四人公启。

及五月九日午后二时，遂于味莼园之安垲第开会。会场布置齐整，场中面北置一台，上列夏君堆绢立像一架，围以鲜花，又周以各种制成之花圈，其外则满悬各省政学商界以及外人所赠诔祭文轴挽联奠幛等，多至数百帧。男女来宾约千数百人，场窄不能容，后至者均伫立场外以观礼，所有开会秩序，录如下方：

一　振铃开会。

二　由主席郑苏戡君宣布开会词。

三　贫儿院军乐队奏乐。

四　伍秩庸君演说，大致谓今日到会诸君，恐有不知夏公履历者，鄙人略为述之。夏公，青浦人，出身寒素，幼年肄业上海清心学校，既壮，乃出而谋生。公志在实业，时值新旧过渡之时，见印刷事业，正在萌芽时代，遂悉心研究，毅然创办商务印书馆。初时规模甚小，继而营业发达，思有以扩充之。奈短于资本，谋诸国人，鲜有应者。壬寅冬，有日本人携巨资来上海，思营印刷及出版业，公念我国之印刷术及编译之经验，皆幼稚，非利用外资，兼取法其经验不可。遂与订约合资，改商务印书馆有限公司。其权悉操公手，曾几何时，而成为百五十万资本之大公司矣。鄙人担任该公司董事以来，稔知夏公办事认真而有毅力，内部组织完备，故有今日之成绩。我

出殡队伍经过宝山路商务印书馆

国近年来组织千百万资本之公司颇多，而能如商务书馆之收效果者甚尠，此尤足见夏君平日办事之能力也。公为基督教徒，本宗教以立身，故遇事大公无私，人咸敬之。年来外间以该公司附有外股，颇多诽谤。鄙人窃以为不然，盖该公司实华股多而外股少也。夏公有鉴于此，拟将外股收回。鄙人极赞成之。于是，夏公东渡商议，就绪回国，发表后猝遭狙击，功成身败。殊深痛惜。今承诸君到会追悼，谅皆具仰慕之热忱，而夏公成业以来，补助公益事业甚多，其品其行，可为社会立身作则。此则诸君尤当永远景仰而纪念之也。

五　孤儿院男生读诔词，女生诵诗。

六　来宾行三鞠躬礼。

七　清心中学校孟保罗君率领学生诵诗。

八　各省分馆代表（计三十余处）行三鞠躬礼，并由北京分馆代表孙伯恒君读祭文。

九　奏乐。

十　尚公小学校学生诵追悼歌。

十一　总公司三所代表行三鞠躬礼，并由秦君读祭文。

十二　奏乐。

十三　夏公家属答谢来宾，行三鞠躬礼，并由教士俞国桢君代述谢词，略谓“夏公出殡之日，从而执绋者数千人，今又蒙诸君开会追悼，益深铭感”并云“蒙诸君盛贶赙仪，夏夫人慨作乡间办学之费，其缘因有三：

一　沪上学校林立，教育已足普及，故以乡间学校为要；

二　校所设于青浦朱家阁，夏公系青浦人；

三　夏公本曾设校乡里，以输教育，今特竟其初志云云。

以上诸段毕，遂振铃闭会。已垂及四下钟矣，是役也。与会者无不静穆肃敬。于哀戚之中，多含爱慕希望之盛心，较寻常追悼会，仅为私人致痛或多数人持淡漠态度者，夐不相侔云。

手创公司，有大功于教育；

身遭私憾，为实业之牺牲。

——愚弟严复率子璩敬挽

生平未履兵闲，何事竟遭来歙祸；

身后仅余弱息，莫教更复孔融巢。

——愚弟林纾泪挽

明于知人，勇于决事，苟尽其才，夫岂可量；

豁达如公，浑厚如公，乃婴此毒，予欲无言。

——弟高凤谦谨挽

灵堂

出殡队伍

生平共事十余年，谊同手足；

噩耗传来三万里，摧我肝肠。

——愚内兄鲍咸昌哀挽

半世托深交，共图企业，独任艰难。方期提倡文明，拭目前程正无限；

片时传恶耗，谁为厉阶，演此惨剧。此后感怀时事，热心公益复何人？

——弟印有模挥泪书挽

——《夏粹方先生哀挽录》

小芳（夏鹏，夏瑞芳独子——笔者）将赴美国留学。余与梦旦商，前公司董事会议定酌送学费，不如照官费数目岁给九百廿元美金，限定四年。翰意官费最高，亦有最省者，岁不过五百元。今取中数，岁赠七百五十元，限定四年恐太短，不如六年。余谓，每年七百五十元，以六年计，须约四千五百元。以四年九百廿元，不过三千六百八十元。余谓，川资可以不送。翰有难色。余谓，即加上往来川资，至多不过六百元，每次以三百元计，亦不过四千二百八十元。翰谓如此较妥。

——张元济日记（1916年8月17日）

翰翁告知，巡捕房派包探来问，粹方遇害时马夫何在，欲令到堂与被获之周楼云质证。问余如何。余言千万不可告知，只言现在不知去处。此事于粹无益，于粹夫人有损，于公司亦有损。千万不可游移。翰似不谓然。少顷又告余，谓万一被捕房查出本馆实用此人（现在济馆），可以责本馆为犯法。余云恐无此理，马夫并未犯罪。翰仍默然。后不知如何，余不便再问矣。

——张元济日记（1917年7月10日）

1915

出版《辞源》

1915年，商务印书馆出版了我国第一部大型现代语文辞书《辞源》。

1931年，出版《辞源》续编。

1938年，出版《辞源》合订本。

《辞源》由陆尔奎、高凤谦、方毅等主编，初版收单字1.3万个，复词8万余条，举凡汉语中的常用单字复词、成语典故、典章制度、文化艺术及现代社会科学、自然科学、应用技术的新名词、新术语，都广采博收，是一部融新旧知识于一炉，在知识内容和编纂工艺上都具有划时代意义的新型工具书，在新文化运动蓬勃兴起和西学东渐高潮时期，受到读者的广泛好评。

《辞源》

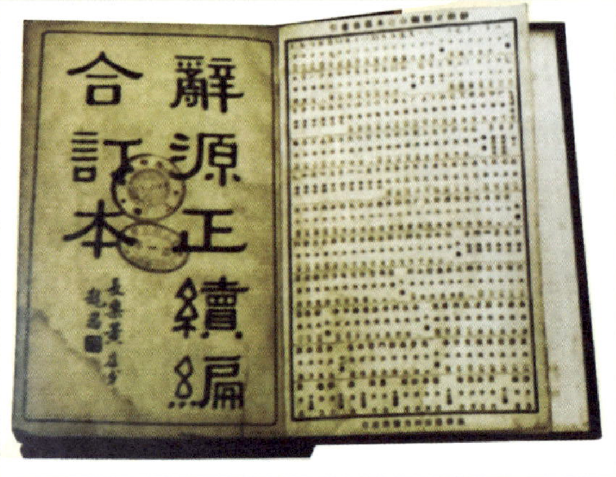

《辞源》（正续编合订本）

1915年编译所全体同仁合影

商务印书馆总务处

1915 机构调整

1915年10月，商务印书馆改变了原有的印刷所、编译所、发行所并行运作的“三所”框架，成立了“一处三所”，即增加了总务处作为公司总机构，把三所之行政、用人、财务都集中进行通盘筹划，并由陈叔通主持总务处工作。

这样的内部管理建制，执行由董事会确定的组织大纲和各种章则，对于制订公司内部计划、联系三所执行，都起了积极作用。

1921年陈叔通离开商务时，因其倡议建立总务处，使得公司章程案卷都办得很好，董事会决议赠送其六千银元。

周少之云，中华去年有盈者，北京六千、奉天五千、南昌四千、山西山东皆二千。亏者，广馆九千、汉六千、湘五千、宁二千。相抵尚亏三千余。杭州分馆甚为败坏，故收回自办。又云连总局在内，一年半约得一分二厘息。

——张元济日记（1916年3月17日）

陆伯鸿来询，有对折书售二五折，他书对折之说，有无其事。余云，丝毫无影响。余又提及伊处新屋落成，传言将赠品。我处亦不信有此事。陆云此必无，或为推广印刷之事，赠送广告物品。

——张元济日记（1916年8月14日）

天通庵路印刷所

孙中山

1916

孙中山参观商务印书馆

1916年7月25日，孙中山偕廖仲恺、胡汉民、张溥泉、朱丁等人到宝山路商务印书馆印刷厂参观，张元济等陪同。

1919年上半年，孙中山花了三个月时间手订了《孙文学说》，托人送交商务出版或印刷，却被商务拒印，这显然使孙中山不满甚至愤怒。张元济曾解释："至当时不肯承印，实因官吏专制太甚，商人不敢与抗，并非反对孙君云。"但仍然被孙中山在报刊上点名批评。

商务作为中国最大的印刷、出版机构，为了避免卷入政治纷争，寻求合法经营空间，既要拒印政治性过强的宣传品，又要显示立足教育的本质，拒印实在也是不容易的无奈之举。

孙文偕其友廖仲恺、胡汉民、张溥泉、朱丁五人来观厂。又，唐少川、温钦甫同来作陪。

——张元济日记（1916年7月25日）

孙文派邓家彦号孟硕来商《会议通则》，拟交本馆印一万部，用连史纸二号字。得书三千部，版权送与本馆。未遇，留片所云如此。6/2/14去信询问，可否交全稿一阅。

——张元济日记（1917年2月10日）

卢信公交来《孙文学说》数卷，尚未完全。梦意恐有不便。余云不如婉却。当往访信公，并交还原稿。告以政府横暴，言论出版太不自由，敝处难与抗，只可从缓。

——张元济日记（1919年4月14日）

上海各界在北火车站欢送孙中山赴南京就职

廖仲恺

本年四月〇〇日退还《孙文学说》一书不印。本日卢信公来言，当时两商，或商务印，或伊出钱印。今安福部及大学校均印，何以商务竟不肯印，阻碍伊之学说。孙文大怒，将登告白，遍告全国，并出告白一纸见示。余谓，此告白系孙君自有之权，且本馆出书系有关教育，亦极愿闻过。至当时不肯承印，实因官吏专制太甚，商人不敢与抗，并非反对孙君云。卢属复一信解说。余允之。廿六日复去一信，留稿。

——张元济日记（1919年9月19日）

1917

初次罢工

1917年初，商务印书馆排字房工人组成“同志社”，3月22日集会，抗议馆方采纳将原来按版面测算排字产量改为按实际字数计算的方法，减少了工人的收入。谈判未成馆方却辞退其中的4名工人，引发全厂工人罢工。

3月26日，中华书局印刷厂工人也响应罢工，中华书局陆费逵与商务张元济约定采取同一步调。

3月28日，罢工工人提出了3项要求：一、被辞退的四人仍旧进馆；二、停工期间薪资照付；三、不得干涉工会之事。张元济主张，第一、二条不能同意，第三条可以退让。

3月30日，双方妥协，工人复工。4名被辞退的工人获得3天工资，次日自行退职。

张元济在3月31日的日记中写道“余告高、鲍，此次虽经解决，然败固不佳，胜亦非福，善后之事甚属为难。”

从此，商务印书馆成为上海工人运动的大本营。

华文排字部

华文排字部工人按稿取字排版

商务印书馆工界青年励志会活动

1917

出版辞典

1917年，中国第一部专科词典《植物学大辞典》在商务印书馆问世，由孔庆来、吴德亮、李祥麟、杜亚泉等13位农学家和植物学家共同编纂，详细记录了各种植物的命名、属性、科目，对植物的叶片、花型、根茎等都有详细论述。该书既对中国的农作物、植物、中药记载进行大规模整理，也对世界各地的相关记载进行了介绍，而且第一次运用了植物的拉丁文、日文名称。

之后，《中国人名大辞典》《中国古今地名大辞典》《动物学大辞典》等相继问世，成就现代中国辞典出版的一个专业门类，为学者提供了丰富而详细的专业知识。

《英华大词典》，由中国学者合作编纂的第一部双语辞典

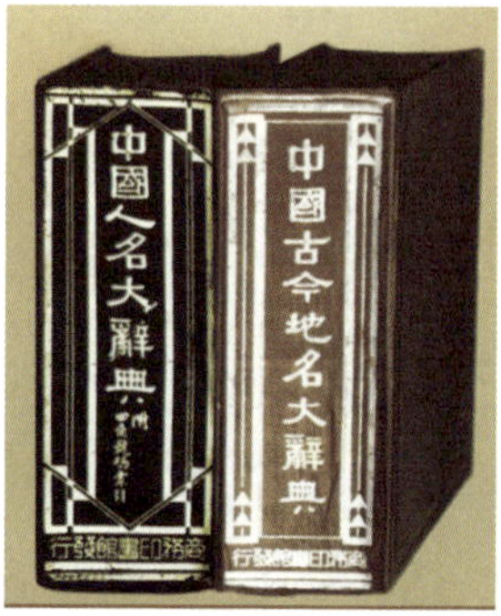

《中国人名大辞典》《中国古今地名大辞典》

梁任公《国民浅训》要求版税从丰。允以照定价二成。知照俞、陈以八折出售。通知柜友及各馆。有回单。

——张元济日记（1916年6月16日）

黄任之、郭淇声来商，蒋梦麟有博士学位，提出论文，欲托本馆印刷。印价约千元，由本馆代垫，由介绍人立约担保，云云。

——张元济日记（1916年8月29日）

昨访黄任之，谈及蒋梦麟事。云已将前信寄去，并出蒋君来信三封。文字颇修洁。黄言，蒋急思归，故款到可早回。余问是否需在美国印刷。黄云是。余言，可再去一信。如能照前信所说一一承允，可约定电复数字，即可拨款。黄允照办。

——张元济日记（1916年9月4日）

梦翁交来贾士毅《中国财政史》，六十万字，七百页。用瑞典纸布面二册，每部工料八角、面子三角、加版税一元，计二元一角、再加排校六百元。印千部每部二元七角。定价六元，零售八折，预约四元。平均实收三元六角。

印一千部，售七百部，收回成本。余售完，赢九百元。

印二千部，售千八十部，收回成本。余售完赢二千四百元。以后赢利每部一元五角。

——张元济日记（1916年10月12日）

又孙星如（孙毓修——笔者）功课太懈，如在外编辑，办不到。拟明年限定每月以三日办杂事，不能逾此限。应明定程限，以备稽查。且杂事如难办，不能如期，彼可拒绝。拟明年全年编:

《少年丛书》，十二册，每册万六千字。

《童话》初集，二十四册，每册五千字。又，二集，十二册，每册一万字。

或减初集为十二册。如不减，约千字三元。减则千字三元五。

——张元济日记（1917年12月1日）

《植物学大辭典》
《动物学大辭典》

电影《母之心》

1917

拍摄影片

1917年，商务印书馆从南京一个美国侨民手中受让了一批电影器材，在印刷所的印刷照相部设立了电影部，开始拍摄业务。先后拍摄了《美国红十字上海大游行》新闻片，反映商务面貌的《商务印书馆放工》《商务印书馆印刷全景》等60多部影片。

1918年，派出专人赴欧美考察电影业，专门成立了活动影戏部，一年后更名为影片部，这是中国第一家由中国人独资经营的大型电影企业，成为中国民族电影事业开始的标志。先后拍摄了《养真幼稚院》等教育片，《南京名胜》等风景片，梅兰芳主演的两部戏曲片《天女散花》与《春香闹学》等，包括风景、时事、教育、新剧、古剧片60多部影片。1926年改组为国光影片公司。

民国五年十一月七日第一百六十九次会议，……三、组织“莫干山消夏社”为本公司同人修养之所。拟购山地若干亩，建楼房一所与源泰京货号合办，各出开办费约计洋三千元，章程另订，议决可以照行。

民国六年八月二十一日第一百八十六次会议，……三、报告本馆各种陈旧及滞销书籍历年存积甚多，故设廉价部专售此种书籍。每年于暑假、年假时开办，每次收入约在五千元左右，将来拟令各分馆仿照办理。

《春香闹学》

《天女散花》

1918

出版“北京大学丛书”

1918年，商务印书馆开始出版“北京大学丛书”，收录北大学者以西学为主的理论成果。北京大学一向被认为是中国的最高学府之一，商务印书馆则是中国最大最有影响力的出版社之一，二者被学界称为中国现代学术文化的双子星座。

商务编译所所长张元济1918年专程赴北京大学与校长蔡元培商定，并邀陈独秀、胡适、马幼渔等教授参加座谈提供意见。之后，商务出版了胡适著《中国哲学史大纲》（卷上）、高一涵著《欧洲政治思想史》、周作人著《欧洲文学史》、陈映璜著《人类学》、梁漱溟著《印度哲学概论》、陶孟和著《社会与教育》、陈大齐著《心理学大纲》等“北京大学丛书”，对源自西方的人类学、心理学、政治学的新学科进行了引进和普及，被认为是当时最有价值的出版物之一。

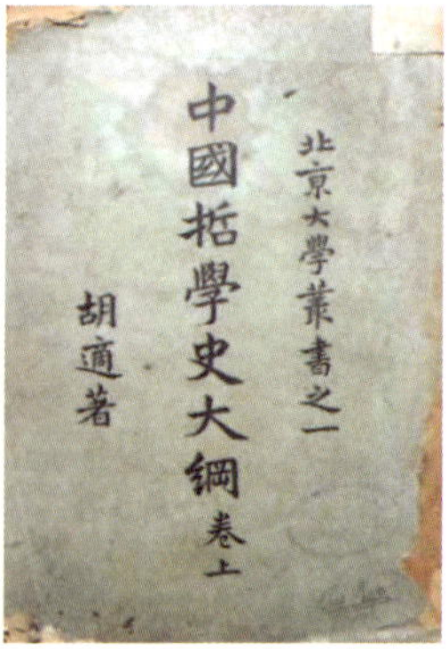

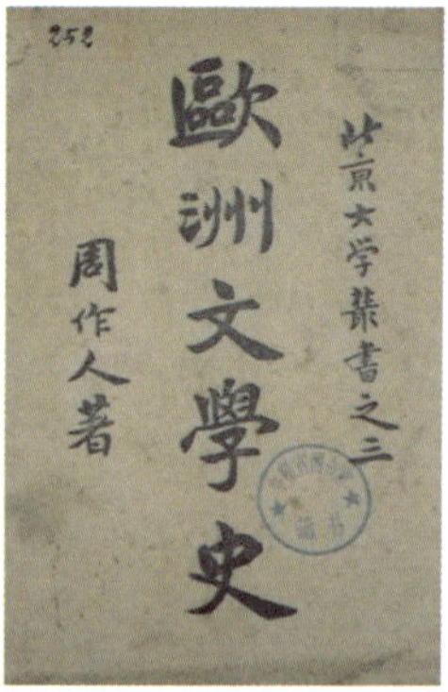

午刻约一琴、王显臣在一家春便饭。显臣历言用人之难。稍得力者即易脱去自营，与我竞争。又言，欧美用人凡登报招人应募者，多难得力。由于其人不知足之故。凡不知足之人最难用。做事不肯用心，稍满又思他去。故欧美用人亦以友人介绍为宜。又办事曾不几时，即历多处者，其人必不可用云。其言甚有经验。

——张元济日记（1916年3月21日）

皖省学界组织中华分局。剑翁来言，须设法消弭。余以分馆经理无此能力，无法可想。

——张元济日记（1916年11月15日）

俄人在此印书，叔通虑其有涉过激派者。约包文德来，告以此意。并属商鲍君，转询该俄人，当必非过激派之书，但我国政府甚为注意，我不识俄文，最好请俄领事来函证明云云。旋由印刷所将印成书送俄领署，俄领署复信云无不合，原信存总务处，打样送印刷所。

——张元济日记（1919年3月10日）

问如小说约若干可收回成本。余云，成本亦有轻重，大约须二千部。问教科书如何，余云，教科销路总不止二千部，小学销路甚多。问如何定价，如何发售。余云，定价门市七折，批发约五折，成本约二五。渠言美国成本亦相同。问版税如何。余云照定价一成，渠云美国亦然，但近来多至一成五。余云，有版税之书本馆大抵八折。

——张元济日记（1921年9月21日）在北京答客问

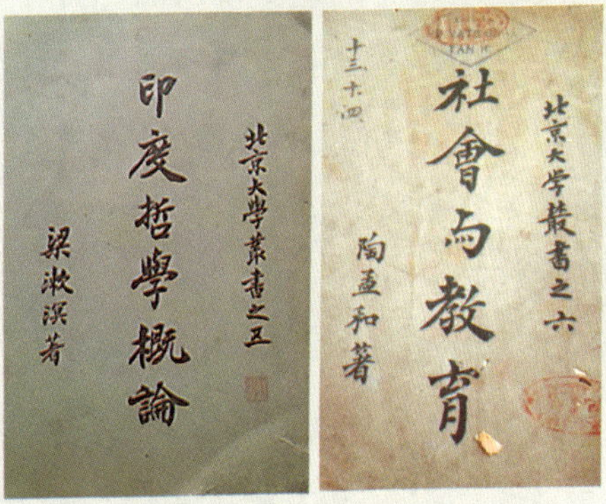

1919

出版“四部丛刊”

1919年，商务印书馆规划出版包括经史子集四部的重要典籍“四部丛刊”，由张元济、罗振玉、孙毓修等25位名家联名发表通告，希望公私各界共襄盛举。

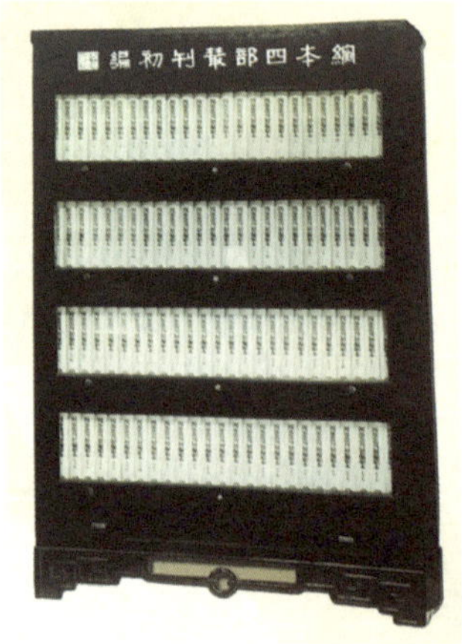

孙毓修通过向南京江南图书馆商借等办法，在1919年底景印“四部丛刊”初编（1923年出齐）收书323种，用六开线装本印制了2100册。

“四部丛刊”附有一册《书缘》，记载书名、卷数、著者、借自何家所藏何种版本、版本特色、收藏家印记等资料，由孙毓修手书，张元济改定。

“四部丛刊”是商务出版的一套大型古籍丛书，茅盾作为孙毓修的助手参与了部分选书、抄写书目、摄影，以及核对照片底片等工作。

闻柜上有人私售私货。告翰翁必须严查，否则自爱者亦必同化。且此风一开，将来本版亦可舞弊，不堪设想。

——张元济日记（1917年7月9日）

赵蓉生私售美女画一事，翰翁告余，已经查出。有画数十张及账簿一册。账已抄出，又留出画一纸。余谓必须斥退。翰谓不宜过激。余谓只去赵一人，余人暂不问。俟彼辈自行倾轧，交出凭据，再行辞退。翰又谓已成习惯，若辈视为当然之事。余谓业已告诫，仍敢如此，此等人不可与为善。余又告拔可与翰，重申前说，力言种种流弊。翰谓专就一方面看法。余再三询问。翰言前编译所有私编稿子售与公司，或售与他家者。余不禁动怒，谓此专系与我为难。前陆兰兹私抄名簿与图书公司，我系总角旧交，尚立时斥退。除非我不知，知则决不袒护也。余怒不可遏。复向梦翁申说一遍。翰默然。

——张元济日记（1917年7月13日）

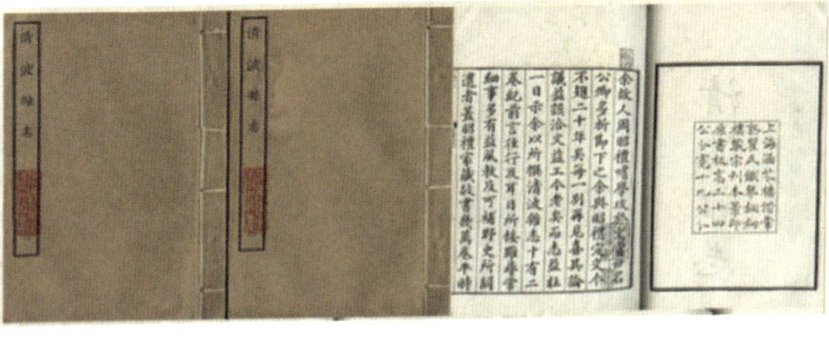

汕头账房裁辙回来，昨到家送衣料两件。本日备信璧还。询知翰翁、拔翁两处均有。面告翰翁，宜留意，此风一开，流弊甚大。

——张元济日记（1918年6月7日）

民国九年九月二十一日，第二百五十一次（董事会）会议，……四、铁路广告收束事：本公司包办铁路广告已经八年，惟因时局常有变动，商业近未振兴。初办一二三年，亏三万八千余元；第四五年，盈一万一千余元；第六七年复亏八千余元。前办津浦、京汉两路，本年加办京奉一路，营业有增而开支加多，结算仍不敷成本。现因津浦路于本年八月期满，京汉铁路于本年十二月期满，京奉铁路于明年二月试办期满，为时皆迫，决计收束停止，其杂志、书籍、广告仍继续办理。

——张元济日记（1920年9月21日）

创业同仁二十年后的纪念留影

1920–1930

发展

1921年，胡适应邀考察商务印书馆，提出改进方案。高梦旦辞编译所所长，郑振铎、周建人、周予同、李石岑、王伯祥先后进馆，聘陈独秀任馆外名誉编辑。

1922年，王云五任编译所所长。

1923年，叶圣陶进馆。

1924年，涵芬楼新厦落成，编译所迁入。设香港商务印书馆印刷局。

1925年，成立职工会，陈云任第一届执行委员会委员长。

1926年，涵芬楼改组为东方图书馆，王云五兼任馆长。张元济、高凤池辞去监理职务，张元济被推为董事长。

1927年，工人、职员参加上海工人第三次武装起义。

1928年，出版《四角号码学生字典》。

1929年，总经理鲍咸昌病逝。王云五辞编译所所长，何炳松接任。编印《万有文库》第一集。

1921

胡适
“来两个月试试看”

1921年7月，高梦旦力邀北京大学教授胡适博士到商务印书馆主持编译所，胡适答应“做他们的客人，替他们看看他们的办事情形，和他们的人物谈谈”，以此决定是否留下来。在两个月的时间内，胡适多次到编译所各部门和涵芬楼考察，列席编译所会议，先后与郑振铎、沈雁冰、叶圣陶、郑贞文、杨瑞六等讨论改进、改革计划。最终，胡适以一份改革报告书尽责功成。胡适从设备、待遇、政策、组织四部分展开，对职工的收入分配都提出了建议。同时，推荐王云五出任编译所所长。商务采纳了胡适的改革建议和推荐人选。

当时，商务给胡适一千元酬金，胡适“还了他伍佰元”，表示“我只消伍佰元便可供这一个半月的费用了”。

胡适

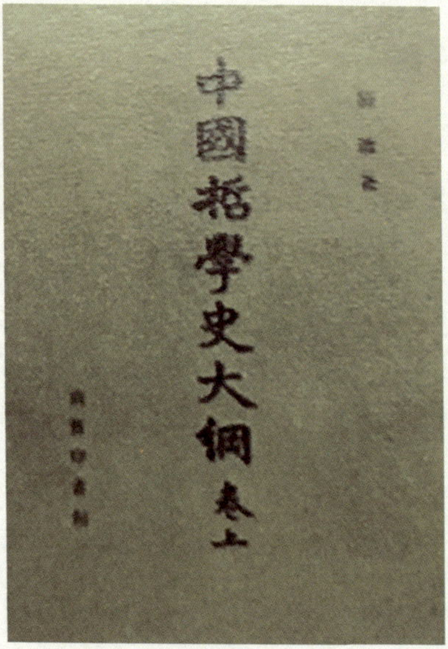

《中国哲学史大纲》（卷上）

1921

王云五出任编译所所长

王云五

王云五（号岫庐）曾经是胡适1906年就读中国新公学时的英文老师。1921年再见面时，胡适发现“他是一个完全自修成功的人才，读书最多、最博”。

王云五从1921年9月正式进入商务印书馆主持编译所，到1929年10月离职，共计主持编译所工作8年。通过改组编译所，聘请大学教授与归国学人参与，扩大函授学社，开设东方图书馆，发明四角号码检索法，主编或主持各科小丛书、各种辞典，以及“万有文库”第一集的出版，使商务取得了迅速发展。

高梦旦之前辞去编译所所长，全力协助王云五所长开展工作。

民国十一年一月十七日，第二百六十八次会议，……一、编译所所长高梦旦先生屡以精神力较衰，迭向总务处坚辞职务，并举王岫庐君以自代。经总务处议决，自十一年份起，请王岫庐君为编译所所长，仍请高梦旦君在编译所一同办事。

我在接任编译所所长之第一年内，即自十年（1921年）底迄十一年（1922年）底，首先实施后开三事：

（一）改组编译所，延聘专家主持各部。

此为就编译所原设各部酌予调整，俾更合于学术分科性质。同时极力罗致国内专家学者，分别主持新设各部，或任所内外编辑。计新聘人士有朱经农、唐擘黄（钺）、竺藕舫（可桢）、段抚群（育华）诸君。又馆外特约编辑有胡明复、胡刚复、杨杏佛（铨）、秉农山（志）诸君，皆上海南京两地之名教授。稍后续聘任叔永（鸿隽）、周鲠生（览）、陶孟和（履恭）诸君为编

商务印书馆第一届业务讲习班合影

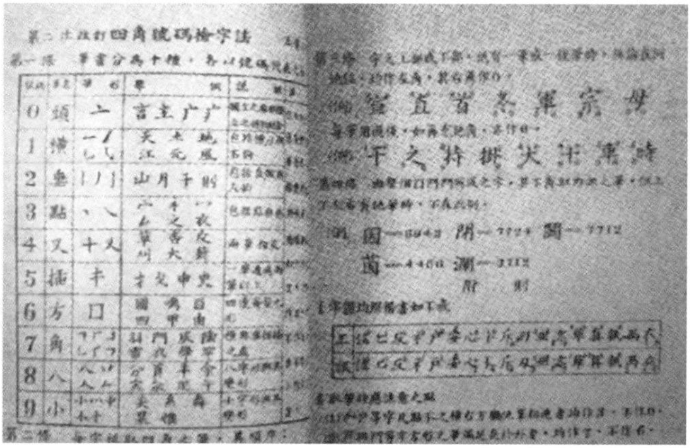

王云五著《第二次改订四角号码检字法附检字表》

辑；编译所经上述改组后，人才颇充实。

（二）创编各科小丛书，以为他日编印《万有文库》之准备。

我接任编译所伊始，以商务印书馆最初之出版物，主要为中小学教科书，次则编印参考用的工具书，如《辞源》、《新字典》等，稍后更影印古籍之《四部丛刊》等。至于其他有关新学之书籍，虽零零星星，间有出版，却鲜系统，即以尚无整体计划之故。我为补此缺憾，首先拟从治学门径着手，就是编印各科入门之小丛书。

（三）将编译所原附设之英文函授科扩充，改称函授学社，以原设之英文为一科，增设算学科与商业专科。

——王云五《岫庐八十自述》

1922

第五印刷所
在天通庵路落成

1923年11月，商务印书馆在天通庵路190号建成第五印刷所，起初只是作为“辅助印刷之机关”。因为印刷所在宝山路已设有正厂（事务室、石印部、铅印部、排字部、校对部、装订部）、后厂（制造机械部、铸字部、电版部、纸型部、木工铁工部等）、订书厂、木工厂，故称第五印刷所。

商务在1932年遭受“一•二八”轰炸，宝山路印刷厂被焚毁，第五印刷所在劫后复业、“日出一书”中承担了重要职责。第五印刷所后来改为第五印刷厂、商务印书馆上海印刷厂。

天通庵路第五印刷所

第五印刷所内部

1923

出版各种小丛书

1923年，商务印书馆在王云五的主导下，推出了综合性的“百科小丛书”400种，每种以一个题目为主线，通过最简单的文字进行扼要的介绍，两万字为单本，四万字为复本。

同时，规划出版了以入门常识为主，由专家学者执笔的各科小丛书，如“工学小丛书”、“农学小丛书”、“商学小丛书”、“师范小丛书”、“国学小丛书”、“算术小丛书”、“医学小丛书”、“体育小丛书”等。

这些小丛书以及陆续出版的《少年百科全书》《教育大辞典》等，使商务持久成为中国最大的综合性出版家。

1924

设立香港印刷工厂

1914年，商务印书馆设立香港分馆。

1924年，香港商务印书馆印刷局在坚尼地城吉直街设立。

1934年，香港商务印书馆印刷工厂在北角建成。

商务印书馆在香港经过二十年的布局，使其在香港建立了设备齐全的全能型印刷机构，成为香港印刷业的行业代表。同时，也使香港在抗战时期对商务印书馆的复兴作出了贡献。

位于坚尼地城的香港商务书馆印刷工厂

位于皇后大道35号的
香港分馆

昨在鲍咸翁宅内，余提议拟分设印刷局于香港，调叶润元办理。鲍甚赞成，谓南宁机器工人均可不必回沪，即就近在彼开办。本日午后，又约咸、梦一谈。咸谓闻渔荃言，港地开支贵，觅屋不易，不如广州。余言如在香港，则渔荃可任分馆经理，兼印刷所副，而以润元为正。如至广东，则办理须改。渔能英语、粤语，可否以渔为正，而以叶为副，专管工程。鲍言亦无不可。

——张元济日记（1919年2月6日）

民国八年二月十一日（补二月四日）第二百十四次会议，……六、张菊生先生提交香港开办印刷分厂一事，并由鲍咸昌君拟具计划书，交到本会，经议决先从调查入手，一面并预备开办。

香港分馆内景

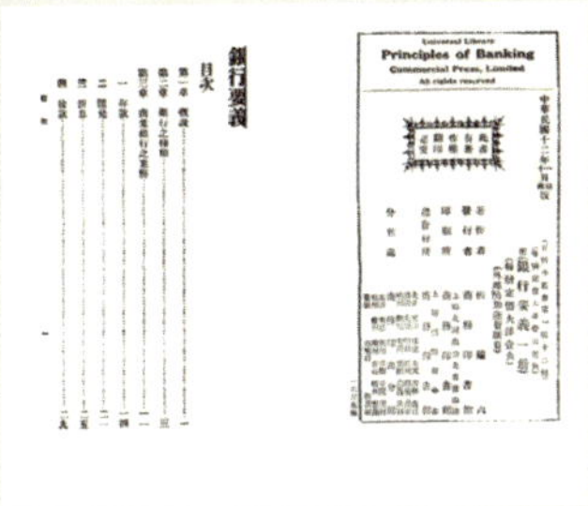

百科小丛书《银行要义》

农学小丛书《种瓜法》

工学小丛书《有线电报》

1925

中共商务印书馆支部成立

1921年春，商务印书馆编译所沈雁冰经李汉俊介绍加入上海共产主义小组。

1921年7月，中国共产党成立。沈雁冰即为中共党员，成为中国共产党最早的党员之一，也是商务印书馆职工中的第一个共产党员。

1921年冬，中共中央委派徐梅坤到商务与沈雁冰联合开展工作，介绍糜文溶、董亦湘、杨贤江等相继入党。

1923年7月，中共上海地方兼区执行委员会举行会议，将在上海的53名中共党员分为5个小组，其中第2组为商务印书馆组，董亦湘任组长。

1925年陈云加入中国共产党

1920年时的沈雁冰（茅盾）

1924年，董亦湘介绍发行所职工恽雨棠入党。

1925年5月，中共商务印书馆支部建立，支部书记董亦湘。同时，陈云由董亦湘、恽雨棠介绍入党。1925年10月，董、恽被派往苏联学习，支部书记由沈雁冰接任。

根据资料和回忆，自1921年中国共产党诞生到1927年，商务有共产党员、共青团员近200名，现在能查出姓名的有140余名，这也证明商务是中国共产党早期在上海立足的重要据点。

中共商务印书馆小组合影

1925

涵芬楼新厦落成 东方图书馆开放

1924年，商务印书馆在宝山路建成五层钢筋水泥图书馆大楼，编译所迁入，取名“涵芬楼”。1925年设立东方图书馆，1926年5月3日开放民众阅览，由王云五兼任馆长。

涵芬楼是商务收藏珍贵古籍和外国新书的场所，自1902年张元济进馆之后，在夏瑞芳的支持下，由高梦旦、蔡元培等相助进行收藏。1909年由编译所图书室改名为涵芬楼。藏有宋刊本129种、2514册，地方志2000多种、6万多册，以及各类参考图书等共计51.8万余册，图片照片5000多种。这个收藏量，比当时的北平图书馆还多，是亚洲规模最大的图书馆。

东方图书馆（涵芬楼）外景

早期编译所职员合影

涵芬楼起源

当本馆于前清光绪三十年购地于上海闸北宝山路建筑新厂落成之日，本馆编译所所长张元济即着手筹设图书馆，搜罗会稽徐氏、长洲蒋氏、太仓顾氏诸家散出藏书，以供编译参考之用，此即名著中外之涵芬楼之滥觞。未几，清宗室盛氏、丰顺丁氏、江阴缪氏诸家藏书散出，张氏又各购得数十百种。图书馆规模至是略具。此后二十余年间搜求未辍。张氏每至北平必捆载而归。估人持书叩门求售，苟未有者辄留之。即方志一门已得二千余种。日本欧美名家撰述，暨岁出新书，积年藏弆，数亦非鲜。——《上海商务印书馆被毁记》

（商务印书馆善后办事处1932年7月编印）

读者在东方图书馆
阅览书报

东方图书馆创设

本馆鉴于国内文化进步之迟滞，世界潮流之日新，认为有设立公开图书馆之必要；又以本馆旧设涵芬楼经张氏二十年来肆志搜罗，储书达数十万册，规模已具；乃于民国十三年出其历年所积之余利十一万余两，在总厂对面宝山路西特建五层钢骨水泥大厦一座，移涵芬楼旧藏图书实之，名曰东方图书馆。同时并聘王云五为馆长，总理馆务。此为东方图书馆由涵芬楼蜕化而出之情形也。

——《上海商务印书馆被毁记》

（商务印书馆善后办事处1932年7月编印）

规模庞大的藏书库

1925

成立工会组织

1925年6月21日，商务印书馆印刷所职工集会宣布成立工会。8月中旬，中共中央指示商务组成临时党团领导罢工运动。

8月21日，党、团员及工会积极分子168人开会，由陈云主持作出罢工决议。22日上午，发行所职工率先罢工，抗议薪金太薄、工作时间太长、待遇不平等。

当天，印刷所、总务处职工同时参加罢工，成立罢工执行委员会。第三天，编译所的职工也加入了罢工队伍，由沈雁冰执笔起草了致资方的复工条件。

28日，经劳资双方签字，复工条约生效，罢工结束。9月1日，发行所成立职工会，陈云任第一届执行委员会委员长。总务处和编译所职工也相继成立同人会，维护职工利益。

1925年12月22日至26日，商务职工再次罢工，反对馆方违反协议，无理开除职工，26日因资方承允条约内容，正式复工。通过罢工，改善了职工的生存条件，也使商务劳资双方取得了更多的共识。

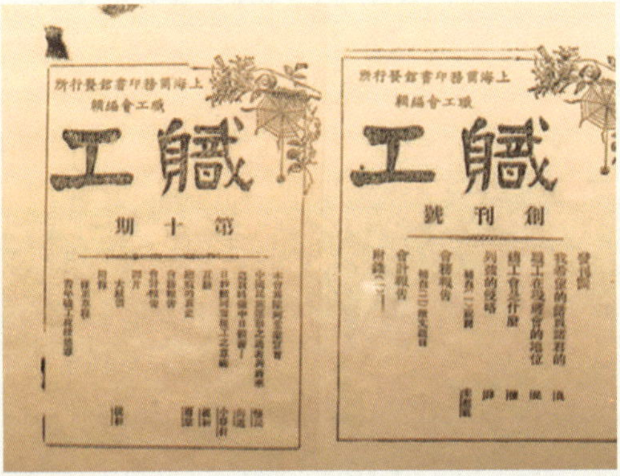

1925年，商务印书馆发行所职工会开始编辑刊物《职工》，陈云用“怀”“民”“怀民”等笔名发表多篇文章

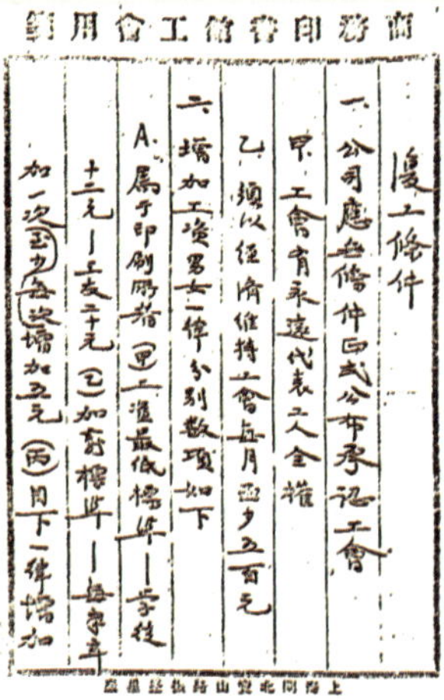

沈雁冰手书罢工执委会修订的复工条件

1925年，商务印书馆发行所职工会第一届执委会，前排左三为陈云

1925

投身五卅运动

1925年五卅运动期间，商务印书馆职工积极参与上海印刷工人联合会发起的反帝示威游行。同时，商务编译所的郑振铎、王伯祥、叶圣陶、胡愈之等联合各界主编的《公理日报》在6月3日出版，张元济、王云五、高梦旦都各自捐了100元资助经费。《公理日报》6月24日停刊，共出22期。《东方杂志》出版了《五卅事件临时增刊》，发表了王云五、陶希圣、胡愈之等撰写的文章以及绘制的漫画，被租界当局以妨碍租界治安而控告，经法庭辩审，商务被判罚款200元、在一年内不再发行同样书刊。

事后，商务为满足读者要求决定再版《增刊》，租界当局中断电力供应，迫使宝山路总厂停印。商务当即将印刷机搬到天通庵路第五印刷所继续印刷，及时供应市场。

五卅运动

《公理日报》

《东方杂志》
五卅事件临时增刊

1926

参加上海工人三次武装起义

1926年10月，商务印书馆党支部组织职工参加了中共上海区委组织的上海工人第一次武装起义，因经验不足而失败。

1927年2月20日，商务印书馆工会在天通庵路第五印刷所广场召开第二次武装起义纠察员会议。22日起义，24日被迫停止。

1927年3月21日，上海80万产业工人总同盟罢工，第三次武装起义开始。周恩来、赵世炎、罗亦农等在商务宝山路职工疗病房指挥与军阀部队战斗，东方图书馆也成为上海总工会工人纠察队总指挥部。在战斗中，商务职工徐文思、陈安芳、胡林根、王金有、余茂宏、俞敬忠、赵延经牺牲。22日起义胜利。

1927年4月12日，蒋介石发动“四一二”政变。陈云、王景云、杨贤江等被迫离开商务印书馆。

民国十四年六月二十三日，第三百零六次会议，……一、“五卅事件”发生以来，本公司筹拟应付方法，于六月五日董事会特别会议议决“由总务处相机应付”在案。本厂因在华界于六月三日下午及六月四日休业一天半，藉表衷忱，五日起照常工作，毫无变更。嗣因此次失业工人为数甚多，各界争起援助，本公司同人组有“五卅事件后援会”，同人各捐薪水之一部分，公司前后两次捐助各五千元，合计一万元，所有捐款由“后援会”支配，援助失业工人，谨此报告。

民国十四年七月二十一日，第三百零七次会议，……李拔可君报告：本馆印刷所于七月一日由克劳公司交来“看诚言”招贴承印处，因该公司系美国商家，且素有往来，而招贴中仅只“看诚言”三字，以为普通印刷品，遂代承印，计印一万三千张，价洋一百六十元，于七月三日印齐，四日早晨送去，后来见报始知为一种反“五卅运动”之招贴，外间有来馆或投函质问者，告以详情，均能谅解，犹恐各界尚有误会，特于七月二十一日登载申、新各报封面广告各一天，谨此报告。经会议，均无异议。

1927年3月21日，上海工人第三次武装起义开始时，商务印书馆职工疗病房为起义总指挥部，周恩来等在此指挥战斗

起义时，装订女工陆定华带领商务印书馆救护队出发

民国十五年十月十六日下午三时半，开第三百十九次会议，……报告事件：一、本公司“三十年纪念”举行赠券廉价以来，除受军事影响之各分馆外，营业尚有增进。在此纪念期内，各同人事务比较紧忙，且同人等曾举行庆祝，并赠纪念物品。现在纪念业已竣事，总务处一再商酌，议定赠送全公司同人每人上海银行礼券十二元作席敬，总分馆局一律办理。总馆方面已于本日致送，总分馆局约计同人四千八百余人，总共洋六万元之谱，特此报告。

徐文思

陈安芳

胡林根

王金有

余茂宏

俞敬忠

赵延经

1926
成立华东机器制造厂

1926年，商务印书馆将印刷所铁工制作部扩大设立华东机器制造厂，专事制作印刷机器和理化仪器。

商务印刷机器包括印刷、装订各类机器和铅字等，为各地发展印刷业提供了全方位的设备支持；理化仪器包括各类标本、模型，是商务伴随着教科书在全国的盛行而开创的教辅教学用具，包括墨水、胶水、毛笔、印泥等，以及在各种展会上获奖的风琴、喷雾器、体操用品、蚕丝器械、地球仪、矿山模型等。批量供应由舒震东发明的中国第一部中文打字机等。

同时，原来的影片部被剥离，成立国光影片公司。发行所营业推广科改组成立了中国商务广告公司。虽然这些公司（厂）成立之后经营的时间各有长短，但是这些产业在中国都因为有着商务的开创而一直发展至今。

华文打字机制造部

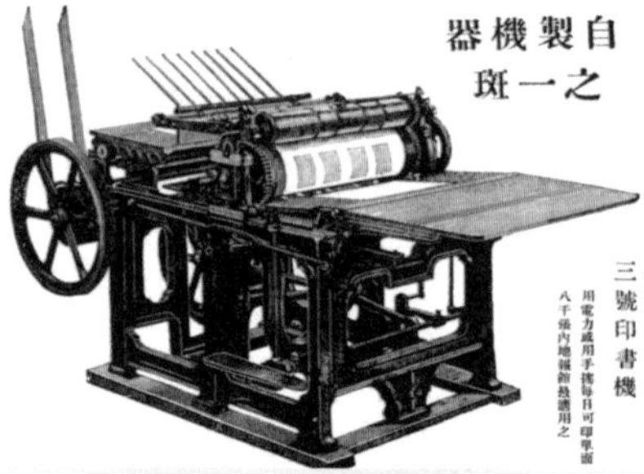

三号印书机

三面切书机
与钢丝订书机

1926
张元济退休

1920年，张元济辞经理职务，高凤池辞总经理职务。董事会同时聘任他们为监理，由鲍咸昌任总经理。

1926年4月，张元济提出辞监理职务，理由是年已六十、罢工迭出、人才缺失、高层意见不同等。经劝说，张元济态度坚决，固辞不留，董事会决议同意退休并给予退俸金，但张元济拒收。

张元济辞监理后，被推为董事长。

张元济退休前与同仁合影

一、提议张菊生先生来信辞监理职务，将原信传阅一遍。

董事会诸公台鉴：

敬启者，昔年元济罢官南旋，羁栖海上，获与粹翁订交，意气相合，遂投身于商务印书馆，共事十二年而粹翁遭难。时方收回外股，同业竞争至烈，危疑震撼，不得不勉为其难。元济原定五十退休之愿不获实行。今倏忽又届十年，故人墓木已拱，而元济精力亦愈衰矣。世变纷纭，商战弥剧。去岁罢工之事，一见再见。时局之危，宁逊畴昔。

元济与公司休戚相关，处此艰难之会，自当尽力补救，借收桑榆之效。无如才识庸驽，即在平日已形竭蹶，况当此新旧递嬗、思潮猛进、一日千里，即勉竭其所知所能，亦不足以赴之。元济再四思维，与其勉强敷衍，徒负踵决肘见之羞，何如早避贤路，犹有改弦更张之望。所有监理一职，谨当辞退。去岁公司迭遇不幸之事，对于股东、对于同人，元济愧歉万分。聊思自赎，务求俯允，感难言罄。抑元济更有请者，现在劳工方面潮流甚激，公司之于佣雇断不能以一二十年前陈腐之思想、简略之方法与之周旋。元济愚见尤必须用科学的管理，友谊的待遇，勿以喜怒为赏罚，勿以恩怨为进退。庶几劳资可以调协，宾主不至乖离。虽然言之匪艰，行之维艰，果欲行之，不能不破除旧习，不能不进用人才。人才何限，有已在公司成效昭著者，固宜急为拔擢，勿以其匪我亲故而减其信任之诚；其有宜于公司之用而尚未为吾所得者，更宜善于网罗，勿以其素未习狎而参以嫉忌之见。此为公司存亡成败所关。元济在公司二十余年，今临别赠言不辞苦口，诸公挚爱公司，当不嫌其哓哓也。再去年十二月罢工之后，元济即决定辞职，嗣因高翰翁坚嘱从缓，并承谆命，当与翰翁约定，维持至本届股东年会。数月以来，差幸无事，今当力践前约。元济所有监理任务，即以本年四月二十六日为止，一应经手事件，容当逐渐清理，妥为交代，合并陈明。迫切陈词，不胜惭悚之至，统维垂察。

张元济谨启

民国十五年四月二十六日

……

议决如下：

公推吴林书、陈叔通、叶揆初、高翰卿、鲍咸昌五君代表本会前往设法挽留。由本会备一复信，即请代表诸君带交，并将菊翁原信录出后，随同璧还。

复张菊生先生信录于下：

菊生先生台鉴：接奉大函，知我公忽辞监理职务，同人等闻命之下，惶悚失措。本日开特别董事会议，佥以公司之有今日，全赖我公擘划经营。公之去留，实为公司安危盛衰之所系。当兹多事之秋，尤非我公砥柱不可。公与公司休戚相关，想亦必有所不忍。兹谨公推吴林书、陈叔通、叶揆初、高翰卿、鲍咸昌诸君为代表晋谒台端，竭诚挽留，务肯俯鉴悃忱，收回成命，以维大局，以定人心，不尽感祷之至。倘对于公司事务有应如何规划或整饬之处，尽请指示，俾遵循。尊函，谨仍璧置，尚祈詧收，至承赐教各节，敬已录出，铭诸座右，掬诚奉肯，祇颂台安。

董事会谨启

十五年四月二十八日

民国十五年七月二十一日下午七时十五分，在爱多亚路联华总会开特别会议，……

经众详加讨论后，主席陈叔通君云："如赞成准张菊生先生辞监理职务者，举手表决。"举手者多数，遂通过。

民国十五年八月五日下午六时，开特别会议，……

一、张菊生先生退俸金案

上次特别董事会议，张菊生先生退俸金俟先行照章核算数目后，再行提出核议。兹查明张菊生先生自光绪二十八年进馆（月、日无从查考，只得自二十八年一月算起）至民国十五年四月辞职日止，计在职二十四年又四个月，实得薪水计洋九万六千元，如照《酬恤章程》第六条丙项计算，应照实得薪水百分之十五支付退俸金，计洋一万四千四百元。按《酬恤章程》第四条监理、总经理之酬恤金由董事会定之，应如何核定？敬请公决。

民国十五年九月十八日下午四时三十分，开特别会议，……

一、张菊生君来函声明，退俸金只能照普通职员例规定之数目收受，如有增加，必须缴还事。

经讨论后，议决如下：

张菊生先生对于公司退俸金之增加辞让坚决，应即勉从其意，照章程规定普通同人例，先行致送至。此外，公司对于菊翁应如何酬庸之处，公推吴林书、叶揆初、黄任之三君酌议办法，再行报告公决。

张元济氏扶助教育基金管理规则

十五年五月十二日订定　十六年十月八日第四次修订

第一条　张元济先生捐赠本会扶助金，计洋五千一百五十八元一角四分，定名为张元济氏扶助教育基金。

第二条　此项基金，专供扶助同人子女入高级专门学校及大学校本科之用。

第三条　此项基金存入公司，常年八厘起息，每年动息不动本。

第四条 扶助名额，视息金多寡定之。

第五条 扶助金以学校所纳数为标准，但每人每年以二百元为至多数，春秋季始业时各半发给。

第六条 扶助生以其父或母在本馆满五年以上，所得月薪在八十元以下者，方为适用。

第七条 受扶助金者，一家以一人为限。

第八条 既受扶助金，不因其父或母月薪超过八十元或死亡而停止，但离馆者扶助至本学年为止。

第九条 有额应补时，由委员会先期布告，其选补方法另定之。

第十条 愿受扶助金者，由其保护人或本人具函，连同前学期成绩报告及学校之章程，送交委员会审查。

第十一条 所在之学校，须经本会认可者。

第十二条 选补学生，应特别注重学业成绩及操行均优良者，以委员多数公决之。

第十三条 已补学生，如接连留级两年者，停止扶助金，另行招补。

第十四条 本规则施行时，得参酌扶助同人子女教育基金施行细则办理。

第十五条 本规则如有未尽事宜，由委员会随时修订之。

1927

为鲍咸昌制建一碑

民国十六年一月十五日下午六时，在福州路一枝香餐馆开第三百二十一次会议，……一、高翰卿君提议：上次董事会，以鲍咸昌先生自开创公司至今三十年来勤劳伟著，因上年公司三十年纪念，议决酬赠银币五千元，以表示敬意。兹拟为咸昌先生制建一碑，以垂久远，是否可行？敬请公议。碑文录下：

鲍咸昌先生为手创吾馆之一人，自丁酉迄丙寅，孜孜业业，历三十年如一日，先生艰苦从事，诚朴待人，作始虽简，收效至巨。兹逢吾馆创立三十周勤，谨此碑永留纪念。爰为之颂曰：守身约，守志宏，殚精竭力以成功。问所事业，亦商亦工，实为文化之先锋！吾侪当奉为圭臬，其泽且利赖于无穷。

中华民国十五年十二月

商务印书馆股份有限公司董事会敬颂

议决照办。

1928

出版《四角号码学生字典》

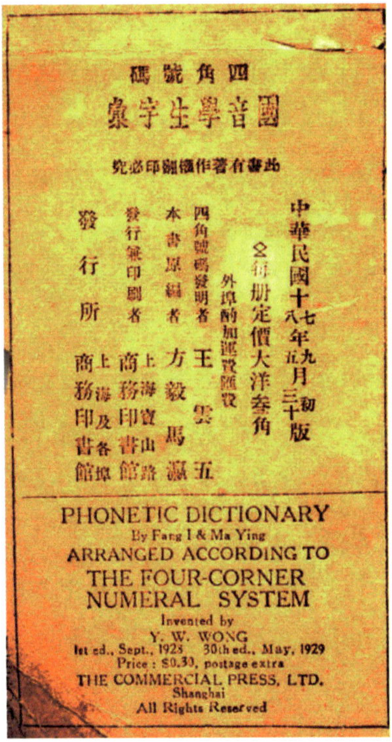
四角號碼

國音學生字彙

此書有著作權翻印必究

中華民國十七年九月初版

十八年五月三十版

每册定價大洋叁角

外埠酌加運費匯費

四角號碼發明者 王雲五

本書原編者 方毅 馬瀛

發行兼印刷者 上海寶山路 商務印書館

發行所 上海及各埠 商務印書館

PHONETIC DICTIONARY

By Fang I & Ma Ying

ARRANGED ACCORDING TO

THE FOUR-CORNER

NUMERAL SYSTEM

Invented by

Y. W. WONG

1st ed., Sept., 1928 30th ed., May, 1929

Price : $0.30, postage extra

THE COMMERCIAL PRESS, LTD.

Shanghai

All Rights Reserved

《四角号码国音学生字汇》

1928年，商务印书馆出版王云五编纂的《四角号码学生字典》，这是王云五在总结了汉字部首检字法、笔画检字法、注音检字法优点之后，经过两年多的研究推出的最新四角号码检字法，胡适替他写了一首四角号码歌诀：

一横二垂三点捺，点下带横变零头；

叉四插五方块六，七角八八九是小。

四角号码检索法，是中国最早的数字化编码，一直适用至今。《四角号码学生字典》出版后，迅速成为学生案头的必备工具书。

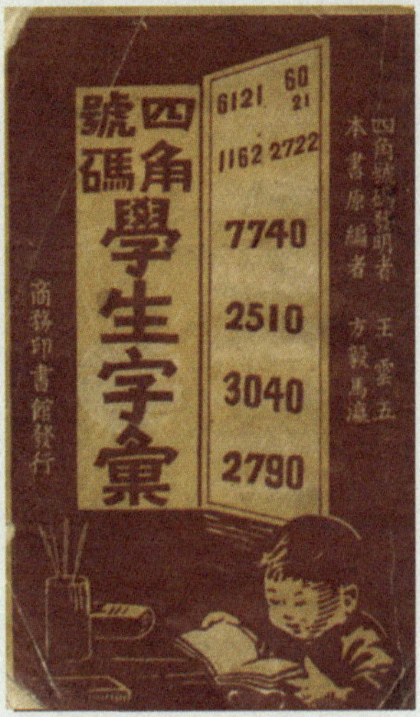

《四角号码学生字汇》

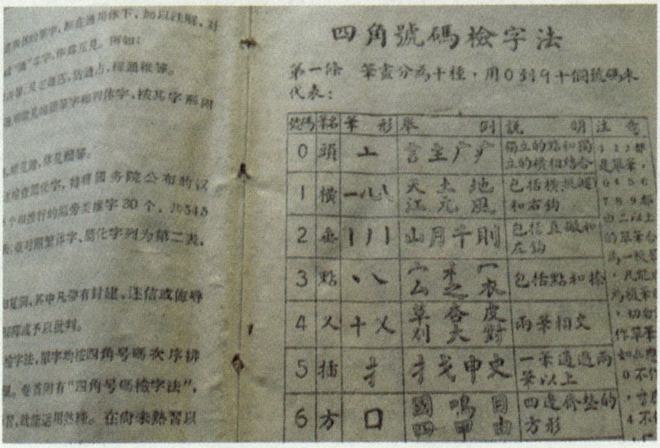

四角號碼检字法

第一條 筆畫分為十種，用0到9十個號碼來代表：

號碼	名稱	筆形	舉例	說明	注意
0	頭	亠	言主广疒	獨立的點和獨立的橫相結合	
1	横	一乚㇄	天土地江元風	包括横挑和右鉤	
2	垂	丨丿亅	山月千則	包括直撇和左鉤	
3	點	丶㇏	宀厶之衣	包括點和捺	
4	叉	十乂	草杏皮刈大對	兩筆相交	
5	插	扌	才戈申史	一筆通過兩筆以上	
6	方	口	國鳴同四甲由	四邊齊整的方形	

四角号码检字法

1929

出版“万有文库”

1929年，王云五主编的“万有文库”第一集出版，共计收入图书1000种，分装2000册，发行8000套。文库包括“国学基本丛书初集”100种、“汉译世界名著初集”100种、“百科小丛书”300种、“新时代史地丛书”80种、“工农小丛书”65种、“学生国学丛书”60种、“国学小丛书”60种、“师范小丛书”60种、“农学小丛书”50种、“商学小丛书”50种、“算学小丛书”30种、“医学小丛书”30种、“体育小丛书”15种。

第二集收入图书700种，分装2000册，发行6000套。包括“国学基本丛书二集”、“汉译世界名著二集”、“自然科学小丛书初集”、“现代问题丛书初集”等。

出版“万有文库”的目的是以低廉的价格，让各地公私团体或大小图书馆有能力收藏一套基本丛书，以嘉惠失学的民众，或作为开办乡村图书馆、私人图书馆的开始，被认为是20世纪上半叶中国最具影响力的大型丛书。

同人人寿保险章程

（十五年七月订定）

一 依照十五年四月二十五日股东会议决，在十四年度总盈余内提出十万元，为本公司创业三十年纪念，筹办全公司同人公益之用，经总务处议决，定为代全公司同人保寿险基金。

二 基金存本公司，以常年一分计息。

三 基金所得之利息，专为本公司代同人付人寿保险费，及其他关于代保寿险用费之用。

四 同人人寿保险，由本公司委托人寿保险公司承保。

五 凡本公司总分支馆局同人在职期内，无论职员、工友、学徒、店司男女老幼，一律由本公司代向人寿保险公司投保寿险，每人保额洋二百元，所有每年应付之保费，均由本公司照本章程第三条代为交付，同人不必自付保费。

六 本公司同人，如遇有在职身故者，由本公司备具正式通知书，叙明该本人身故情形，送交承保之人寿保险公司，俟该承保之人寿保险公司，将应付之寿险赔款交到本公司后，随即转交该家属取领。

七 本公司同人退职后，无论自辞或被辞，所有本公司代保之寿险，即于退职之次日取销。

八　基金利息，每届年终结算一次，除代付保费等款外，如有余存或不敷，均并入次年计算。

九 除本章程规定外，其余均遵照本公司与承保之人寿保险公司所订之合同办理。

十 本章程如有增删修改之处，由总务处议决之。

十一 本章程自民国十五年七月十五日实行。

总馆女同人生产假及津贴办法

（十六年七月一日改订）

一　凡怀孕女同人，产前产后，给假六星期，薪工照给。

二　女同人于临产前三星期，告由领袖或科长、部长，报明所长或总务处，给假休息。

三　如愿入本公司指定之医院分娩者，其费用照三等房间，由公司担负，其不愿入医院者，由公司另给津贴洋十五元。

四　给假期内，如私向他处工作者，应追扣薪水，索还医院费用或津贴，并须议罚。

——《上海商务印书馆总公司待遇同人章程》

……

此外，尚有重要图籍十种，每种一巨册，其名目如左：

（一）《三民主义与建国大纲》，

（二）《建国方略》，

（三）《国民政府法令大全》，

（四）《国际条约大全》，

（五）《辞源》，

（六）《中国人名大辞典》，

（七）《中国地名大辞典》，

（八）《历代名人生卒年表》，

（九）《中国形势一览图》，

（十）《世界形势一览图》。

——《商务印书馆志略》（1929年7月）

1929

鲍咸昌病逝

鲍先生殡仪琐记

（蔚）

先生卒于（民国十八年）十一月九日晨六时二十分钟，旋由万国殡仪馆西人驰丧车来，将先生遗骸载去，用新法注射后，置一室中，待十二日下午二时入殓。身衣普通袍褂、头戴小帽、缀珊瑚结、足着鞋，下半身覆花绒毯，棺为长方式，较小于中国之棺，外铜内钢，中夹薄木，盖有两层，内为玻璃，外为铜，揭开铜盖，可抚视遗容，双目紧闭，面色如生，殆注射力也。棺价一千二百两、手续费三百两。二十二日移置宝乐安路鸿德堂，因此堂为先生所创设，曾捐资万金，且曾有言，鸿德堂既成，我必在内得一宿之安。家人欲慰偿其志，故移殡于此。二十三日下午二时在堂行哀思礼、开会，由牧师祝福。但教会中人无开吊之例，非教徒之戚友上午亦可往弔。同日下午三时举殡发引，直赴八字桥鲍氏茔地安葬。仪极简单，灵车之外，仅一遗像车及花圈之属。洵可法也。

鲍咸昌先生创办商务印书馆，管理印刷所三十五年。事无大小，无不躬亲。非疾病殆无片刻之暇逸，临终犹惓惓以公司及同人为念。先生笃信基督教，凡立身治家处世，一本于教义，不为奇节异行。尤不喜多言，而人皆服其诚。某日，先生自家步行赴公司，有三盗候门次，挟入汽车，飞驰以去。先生与抗，左臂受弹，流血至踵，行二里许，犹能乘隙奋跃以免。时年六十一

鲍氏三兄弟与父亲在一起
从左自右为：鲍咸昌、鲍咸恩、鲍封翁、鲍咸亨

矣，余问先生何以不惧，先生曰，平日行踪所至，除“家”“公司”“礼拜堂”外，非有事不轻走一步。若犹不得免，于心何愧，呜呼！即此数言，可以知先生之度量矣。昔人称山巨源为璞玉浑金，人但钦其宝，而莫知名其器。余于先生亦云，敬以此为诔。

——一八•一一•一九•高梦旦

雕版之兴，权与五季；印刷之术，流及荒裔。效法西欧，先开风气。时维先生，夙精工艺，巨细不遗，规模大备。普爱为怀，佛耶真谛。慨捐巨赀，急公慕义。年未七旬，遽尔遐弃，缅厥辛劳，感深友谊。人往名留，悠哉勿替。

——愚弟蒋维乔敬诔

呜呼先生，耆年硕德，今之人瑞，群伦是则，溯自胜衣，志在自立，一艺赡身，足衣食业，俯仰无求，先生之节，已立立人，觉人先觉，馆启桂坡，堂成兰雪，启迪文明，先生之识，善善则登，恶恶斯谴，不事假借，情发中竅，开诚布公，先生之断，孰勤孰惰，孰正孰回，部署井井，用各当材，举重若轻，先生之才，欿然自视，不辞跋涉，足迹所至，英美德日，惟新是谋，先生之学，临变仓卒，毅然自承，寒暑风雨，无间晨昏，恪恭将事，先生之任，斥赀兴学，育才恤孤，孳孳为善，其利自敷，胞兴为怀，先生之恕，千顷汪洋，撄之不怒，爱者日深，仇亦自去，谈笑从容，先生之度，有一于此，庶几靡忒，八者咸备，允足矜式，更剂以和，乃建其极，吁嗟世道，正直沦溺，弱者贪愚，强者狡讦，系惟先生，檠调绳直，俾我同仁，率由其辙，天不慭遗，一老是夺，扶与元气，暗然消失，缅怀老成，雪涕以泣，呜呼先生，实凭实式。

——书业商会敬挽

黄炎华胄半心聋，启发文明赖此翁，堪叹儒冠竟何补，祇今携泪哭书工；竟日劳资苦斗争，正车端的仗平衡，先生遗范分明在，赢得群伦惜老成；杖履追随意气投，旧游如梦我心悠，匆匆二十年来事，雪泪临风百尺楼；平生所志百无成，一事差堪慰宿情，兰雪堂邻桂坡馆，典型不远好追程。

——陆费逵

昔与先伯兄在印刷界惨淡经营虽创业不易守成尤难勤劳绩三十余年鸿德永垂人共仰

今率诸子侄于家庭间始终友爱惟忧患独多安乐殊少荏苒至六旬以外雁行又折我何堪

——胞弟咸亨泣挽

我先君合创初基弃捐中道况复时经改革世事正难言独能继往开来教养生聚至于此

予小子谊居甥舅情若父师不图人失瞻依天心旋示警今后临深履薄维持振作鉴在兹

——甥夏鹏鞠躬敬挽

先生知道创业艰难到了临危还有几句遗言希望后人爱惜

我们应该同心奋勉起来合作多留一些元气安慰你的英灵

——弟张元济顿首拜挽

積劳致疾而不因疾废劳淑世功高与汲古拜经争席

弃学就商终乃以商与学树人计远并斯盛澄衷齐名

——孔祥熙谨挽

历三十年惨澹经营文化宣传书业界中尊祭酒

导千百辈精勤工作巨艰负荷悼歌声里失明星

——沈知方敬挽

乘时会致盛丰可侔欧美成功者

怀慈爱守约易无愧虔诚清教徒

——郑振铎 叶绍钧 周予同 王伯祥敬挽

我公一生奋斗创造綦难这个文化机关求大家热心爱护

小子廿年服务思效微劳应当努力职守愿先哲瞑目天堂

——黄警顽敬挽

互助见精神大扩宏图卅载以还辛苦在

同人勤生产勉遵遗训九原可作鉴临兹

——商务印书馆印刷所工会公挽

开文化事业先声雄踞商场贵无商侩习气星陨春江闻路哭

秉民族精神遗教发扬国粹富有国士高风墓寒秋雨令人悲

——中国国民党上海特别市第六区党部执行委员会敬挽

药石竟无灵十月十日病加剧

工商重首创三秩三年功乃成

咸昌先生患气喘症将一年十月十日始卧床竟致不起溯在三十三岁倡办本馆迄今亦三十三年岂偶然耶

——商务印书馆附设中国商务广告公司同人敬挽

名在人间魂归天国

业隆文化惠被东方

——东方图书馆同人敬挽

——引自《鲍咸昌先生哀挽录》

商务印书馆在1929年时的自我评价：

……

本公司对于社会之贡献，以发扬文化、提倡国货为唯一宗旨。除编印各种图书外，凡印刷上所用原料，不外纸墨五金之类，此等原料虽随处可得，要以精良为贵。在昔，我国工艺不振，为出品精良计，有时须采用外国原料。近年迭次派员至闽、浙、苏、皖、湘、赣等省采办纸料，为数至巨。故如《四部丛刊》《学海类编》等巨籍，屏联、膀幅等美术品，无不采用本国纸。其他出版物，必至国产实不敷用或不适用时，始以德、美、瑞、奥各名厂所制者充之。至如石版及铜铁之属，亦尽本国所有，首先采用。不特此也，本公司鉴于国内印刷业中所用之铅字、铜模、制版及各种印刷机械、油墨胶棍等，以及不属于印刷业范围而与教育至有关系者如仪器、标本、模型、文具、玩具、影片等，多仰给于东、西洋各国，漏卮甚大，故特自备铸炉，自制机械，以供自用，并以廉价出售。其他如仪器、标本、模型、华文打字机、幻灯影片等，莫不特请专家悉心研究，以期稍尽挽回利权之天职。惟幸国人垂鉴之。

——《商务印书馆志略》（1929年7月）

1930–1937

苦斗

1930年，王云五任总经理，成立总管理处。设研究所，王云五兼任所长。辑印《百衲本二十四史》。

1932年，“一·二八”事变，日本侵略者进犯淞沪。商务印书馆总管理处、总厂及编译所、东方图书馆、尚公小学校皆被炸焚毁，损失巨大，被迫停业，解雇全部职工。8月1日复业，实行日出新书一种。出版“大学丛书”等。

1933年，设立东方图书馆复兴委员会。

1934年，商务印书馆香港印刷厂建成。出版“四库珍本”。

1935年，出版“丛书集成”。

1936年，出版“中国文化史丛书”。

1937年，出版张元济编著《中华民族的人格》。

1930
王云五任总经理

1929年10月，王云五坚辞商务印书馆编译所所长职务，推荐史地部部长何炳松担任。

1930年1月，商务印书馆董事会决议聘请已经辞去编译所所长的王云五担任总经理，并同意王云五提出的两个要求：

一、在任职前出国考察外国公司先进的管理方法；

二、将原来合议制的总务处会议取消，改为总经理制，总务处只作为总经理办事机构。

自3月7日至9月9日，王云五出访日本、美国、欧洲各地，访谈、考察和交流企业管理的心得建议。回到上海后，向董事会提出“科学管理计划”，经董事会一致通过后，向职工宣布新措施。

王云五自1930年到1946年担任商务总经理达16年，以一个企业现代化的先行者，推动着改革与创新，带领商务在国难之际进行文化奋斗，成效卓著。

商务印书馆总管理处主计部全体同人留影

1930

推行科学管理计划

打卡钟

手摇式计算器

1930年9月，王云五总经理将《本馆采行科学管理计划》向主要职员宣布，其中谈及“我们公司的经营方针，有三个目标：第一对于文化方面；第二对于股东方面；第三对于职工方面。对于文化方面，有两点要注意：

一、我们对社会要能充分供给图书文具，不使感受缺乏；

二、要减轻图书文具的售价，使社会蒙其利。

对于股东方面，也有两点要注意：

一、巩固资本；

二、维持利息。

对于职工方面，有三点要注意：

一、依据合理的方法，使他们能够增

加收入……

二、对于职工的福利，要能够维持持久，并不是只顾一时，不顾将来的。

三、改善工作环境……

为此，“就非采用科学管理法不可”。这个计划包括十二部分：实施预算制度、实施成本会计制度、实施统计制度、印刷厂的科学原理、职位分类、动作研究、测定基本动作所需时间、标准化与简单化、改善营业、改革组织确定责任、劳资问题、改善印刷品质与书籍内容。

不过，这个改革却遭到职工和四个工会组织的联合反对，最终只能撤回。王云五认为，既然对人的科学管理易遭反对，就从物、财方面入手进行科学管理，通过采行出版品及原料的标准化，减少堆积纸张；尽量利用原有的机器，发挥作用；减少库存，加大寄销等，使商务的经营业绩获得了改善。

职工运动会合影

1930

出版《百衲本二十四史》

1930年，商务印书馆由张元济主持的《百衲本二十四史》“前四史”《史记》《汉书》《后汉书》和《三国志》以宋版古本影印公开发售，随后各史陆续问世。

百衲本，指采用各种版本，彼此补缀集成，犹如僧人的“百衲衣”。《百衲本二十四史》所选版本包括宋刻善本15种、元刻善本6种、明清初刻3种，通过影印校改讹误、吸收各种版本优点后编印，对中国史学研究极有影响。

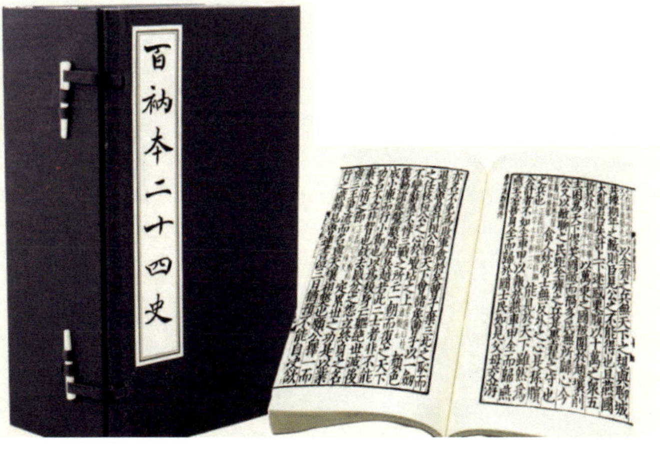

《百衲本二十四史》（1930—1937）

查《廿四史》预约售数，分馆共五十五部，总馆共五十部。黑、哈、长、东昌、陕、济、湘、常、赣、浔、皖、芜、袁、潮、广、新、桂、梧各馆未售一部。

——张元济日记（1916年11月23日）

符干翁报告，《廿四史》总馆定出一百二十二部，分馆定出二百五十部。南昌最多，共二十四部。

——张元济日记（1917年3月16日）

商定《廿四史》即行停止预约。以后定价百五十两。门市九折，可通融。同行批六折，十两回佣。分馆批九折，廿两回佣。

——张元济日记（1917年11月23日）

叔通屡言本年所派花红千元过多，与同人比较不称，只收一半，语意甚为恳挚。余力言不可，但允将此意告知翰翁。廿四日午前来余寓，留下五百元。再三伸说，终不肯收回。

——张元济日记（1917年6月23日）

1932

总厂被毁

1932年1月28日晚上，日军陆战队多架飞机侵犯闸北。29日再次从闸北上空向商务印书馆总厂掷下炸弹6枚，第一枚击中印刷部，第二枚击中栈房，当即爆炸起火。日机继续掷弹，于是全厂皆火，浓烟弥漫，厂中各种印刷机器全部烧毁。焚余纸灰飞达十多里外。

中国最大的出版机构——商务印书馆数十年精心打拼的家产被焚殆尽。

民国二十一年一月二十八日晚，日军侵犯上海闸北。次晨，本馆总务处、印刷制造总厂、各存货栈房、尚公小学校及养真幼稚园等悉被日机掷弹炸毁，焚烧一空。二月一日，东方图书馆及编译所又被焚毁：

一、总厂

（甲）房屋

子、总务处170280元

丑、印刷所

1.印刷部378031元

2.栈房139234元

3.木匠房等5796元

4.储电室21953元

5.自来水塔11429元

寅、家庆里住宅7200元

（乙）机器工具（包有滚筒机、米利机、胶版机、铝版机、大号自动装订机、自动切书机、世界大号照相机等）2873710元

（丙）图版1015242元

（丁）存货

子、书籍

1.本版书4982965元

2.原版西书818197元

丑、仪器、文具771579元

寅、铅件19807元

卯、机件6207元

（戊）纸张原料

子、纸张776100元

丑、原料311200元

（己）未了品275000元

（庚）生财修装

子、总务处12523元

丑、印刷所82105元

寅、研究所535元

（辛）寄售书籍500000元

（壬）寄存书籍、字画100000元

“一·二八”事变中
被日军炸毁的商务印书馆

二、编译所

（甲）房屋在东方图书馆下层，已列入东方图书馆损失数内，不另计价。

（乙）图书

子、中文2500部3500元

丑、外国文5250册52500元

寅、图表17500元

卯、目录卡片4000元

（丙）稿件

子、书稿415742元

丑、字典单页1000000张200000元

寅、图稿10000元

（丁）生财装修24850元

三、东方图书馆

（甲）房屋96000元

（乙）书籍

子、普通书

1. 中文268000册154000元

2. 外国文80000册640000元

3. 图表、照片5000套50000元

丑、善本书

1.经部274种2364册

2.史部996种10201册

3.子部876种8438册

4.集部1057种8710册

5.购进何氏善本约40000册

共计1000000元

6.方志2641部25682册100000元

7.中外杂志、报章40000册200000元

寅、目录卡片400000张8000元

（丙）生财装修28210元

四、尚公小学

（甲）校舍

子、小学部19109元

丑、幼稚园部10000元

（乙）图书、仪器及教具12000元

（丙）生财装修6000元

以上共计16330504元

——《上海商务印书馆被毁记》（1932年7月编印）

1932

东方图书馆被焚

1932年2月1日晨八时，商务印书馆东方图书馆及编译所又遭日本浪人潜入纵火焚烧，顿时火势汹涌，烟火冲天直至傍晚，“此巍峨璀璨之五层大厦方焚毁一空”。

东方图书馆三十年来搜罗所得之巨量中外图书、极大部分之旧四部各善本书，积累多年之全部中外杂志报章，全套各省厅州县志及编译所所藏各项参考书籍及文稿，全部化为劫灰。

被炸毁的东方图书馆

1932
劫后复业

1932年2月1日，商务印书馆董事会决定上海总馆、总务处、编译所、印刷所、发行所等一律停业，所有总馆同人全体停职，“成立特别委员会办理善后，推张元济任委员长，王云五、夏小芳、鲍庆林为常务委员，并由王云五任主任”。

向四千余位失业职工先发给救济金，再进行全馆人员总辞。每人除发放解雇金，加发半月薪水外，职工可以自由另找工作，等复业后旧职工优先雇用。此事经过多方努力，最终经上海市政府同意后获得执行。

通过组织人员对残存物品、书籍、原料的清理和未被波及的天通庵路第五印刷所内印刷机及纸张的搬运，保全了部分残余资产。同时，迅速清理债务、催收客账及对外宣传，为8月1日复业奠定了基础。

天通庵路第五印刷所

八月一日商务印书馆总管理处，上海发行所与租界内新设工厂，同时复业。我以“为国难而牺牲，为文化而奋斗”二语为复业之标语，用大字悬于发行所；同人与顾客见者无不动容。

——王云五《岫庐八十自述》

复业时的店堂陈列

1932

赶印教科书

商务印书馆总馆停业后，各地分馆仍然照常营业，以维持公司的营运。同时，积极组织香港分馆印刷厂、北平京华印刷厂的印刷事宜，在上海租借临时厂房，三地合力赶印秋季中小学教科书。

上海制版厂设于北京西路（原爱文义路），占地1400平方米，职工300余人；上海印刷厂设于辽阳路，占地3700平方米，职工280余人；上海平版厂设于杨树浦秦皇岛路，占地1000多平方米，职工150余人。

香港分厂占地十九亩，在上海总厂被毁后，抓紧房屋建筑和添置新机器，职工有470余人。

京华印刷厂占地二亩余，职工计150余人。

通过轮班工作制、机器不间断运转、制订新的职工奖励办法……节省成本和有效调度，使印刷业绩迅速提升，完成了教科书及1932年8月1日迄1933年底止的1300种新书、3700种重版书的印刷任务。

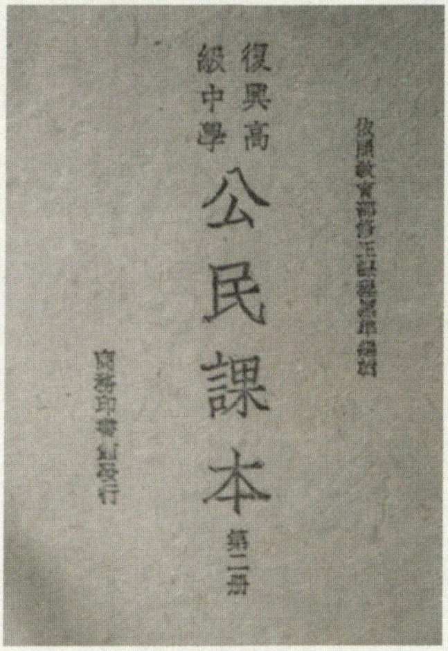

抗战时期新版课本

学生拿着抗战时期课本唱歌

员工校对书稿

1932

实践“每日一书”承诺

在“为国难而牺牲，为文化而奋斗”的口号下，复业后的商务印书馆将原编译所改为编审委员会，由王云五总经理兼任主任：决定出版方针及计划，按照决定的编译计划，委托馆外作家著书；审查书稿；编修教科书和参考书；决定外稿的采用与否；决定书稿的发排，分科整理旧出版物和旧稿。继续实施原有“万有文库”、“百衲本二十四史”、“四部丛刊”二及三编、“丛书集成”等出版项目，并恢复原有《东方杂志》等定期刊物。公开向社会承诺，从1932年10月1日起，除出版教科书、大型丛书外，每日推出一种新书。如黎锦熙著《国语运动史纲》、吴半依译《资本论》第一卷第一分册、金岳霖著《逻辑》、傅抱石著《中国美术年表》、阿英著《明清小说史》，另有“大学丛书”和“中国文化史丛书”都是当时出版的富有学术厚度的佳作。

尽管遭受日本侵略者的毁灭性打击，但商务上下合力，管理得当，使其出版事业迎来令人振奋的、但也是短暂的收获。

日出新书

学术进步，日新月异。本馆服务文化，不因遭构国难而稍馁。爰自二十一年十一月一日起，每日（星期日除外）出版新书一种（教科书及大部书不在内）。按日在上海各大日报披露，迄二十二年年底，从未间断。自二十三年起，因生产能力续有增进，更将初版新书尽量多出，每日多则二三种，少亦一种，以尽其介绍新知之责任。每逢星期日则出版《四部丛刊续编》约十册。

——《商务印书馆复业后概况 》

（民国二十三年一月）

自去年（1932年）十一月一日起，宣布每日出版新书一册的计划，同时并复刊《东方杂志》等四种定期刊物。我认为日出新书一种不过是最低限度的一项贡献，我们应做的事还有很多，所以宣布计划之后，更进行其他几种计划。第一，就是按照新课程标准编印一套比较完善的中小学教科书。第二，就是编印大学丛书，以为提高吾国学术。第三，就是编印小学生文库，为全国儿童增进其自动读书的机会，而为自动教育之倡导。第四，就是编印“万有文库”末期应出的书。第五，就是影印古书以保存孤本。

——王云五《岫庐八十自述》

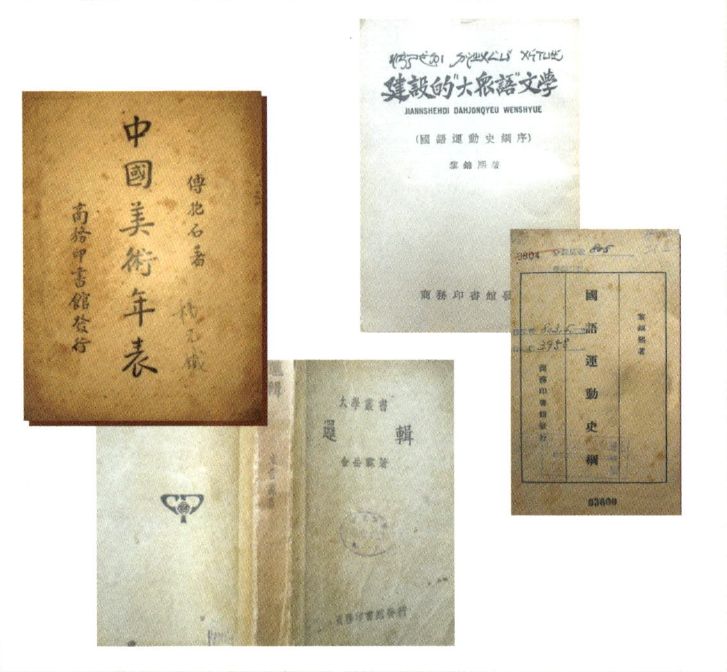
中國美術年表
傅抱石著
商務印書館發行
建設的"大衆語"文學
JIANNSHEHDI DAHJONQYEU WENSHYUE
(國語運動史綱序)
黎錦熙著
大學叢書
邏輯
金岳霖著
國語運動史綱
黎錦熙著
商務印書館發行

商务印书馆所出图书

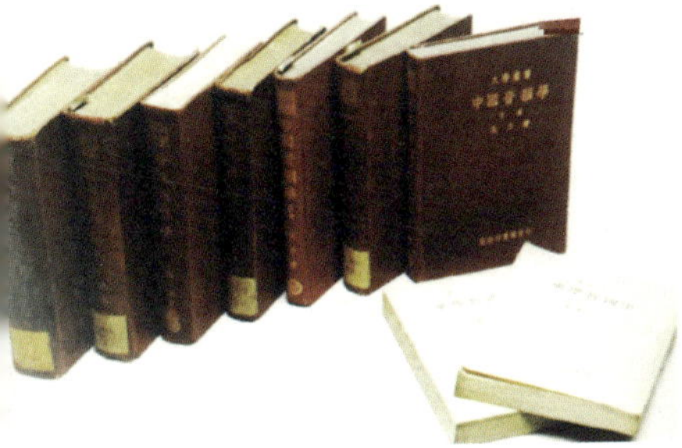

1932

出版“大学丛书”

1932年，商务印书馆开始筹划出版“大学丛书”，邀请全国各大学著名教授、学者54人组成编委会共同编审，由商务出版发行。编委会成员包括王世杰、朱家骅、竺可桢、胡适、翁文灏、马君武、梅贻琦、郑振铎、蔡元培、蒋梦麟等。

当时计划出版300种，分列文学院、理学院、法学院、商学院、教育学院、农学院、工学院、医学院使用。截至1937年，完成百分之八十。其中郑振铎著《文学大纲》、冯友兰著《中国哲学史》、钱穆著《中国近三百年学术史》、马寅初著《中国经济改造》都是极有影响的名家大作。

“大学丛书”的出版，既填补了商务一直以出版中小学教科书为主而忽略大学教科书的空白，同时也弥补了中国的大学教学长期缺少自编、通用、公认教材的空白。

1934

出版“四库全书珍本”

1934年，商务印书馆出版了“四库全书珍本”、《四部丛刊》（续编，收书81种，1438卷）、“万有文库”第二集；1935年，出版“丛书集成”、“四部丛刊”（三编，收书73种，1910卷）。

影印《四库全书》开始工作纪念合影

“四库全书珍本”共选收“四库全书”中市面罕传的珍本238种，4313卷，1935年出齐。当时与中央图书馆合作并商定赠送其十分之一的印本。因此，印了1000部即送100部，由中央图书馆与国外同行交换，这使得一些国外大型图书馆得以收藏。

“丛书集成”选录自宋至清重要丛书100部，通过重新分类编排，包括总类、哲学、宗教、社会科学等十类，以“实用”“罕见”为标准，为学界提供了丰富的史料。计划出版4180册，因抗战爆发而只出了3467册。

1936

出版“中国文化史丛书”

1936年，商务印书馆由王云五、傅玮平主编的“中国文化史丛书”开始出版，这套书体现着一种文化史从专题分编开始，再利用分编的资料综合成就文化史的理念。计划将文化的范围依80个科目由专家进行整理，体现中国文化的全貌。出版的品种包括《中国经学史》《中国理学史》《中国政党史》《中国婚姻史》《中国救荒史》《中国妇女生活史》等等。

这套书原定为80种，皆为名家手笔，第一辑20种，第二辑20种，第三辑只出了一种，即因抗战爆发而停顿，令众多学人深感遗憾。

丛书以红色布面精装，烫金字体、小32开道林纸精印，实属当时学界、出版界的最高水准。

“中国文化史丛书”

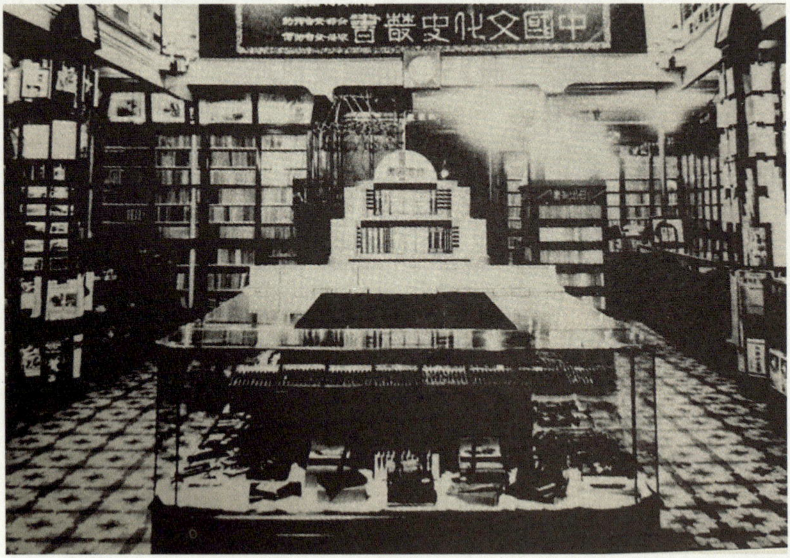

“中国文化史丛书”上柜供应

1937
出版《中华民族的人格》

1937年，商务印书馆出版了张元济编著《中华民族的人格》。

这本书记叙了公孙杵臼、程婴、伍尚、子路、豫让、聂政、荆轲、田横、贯高等一批在历史上境遇不同、地位不同、举动也不同，但都能表现出一种至高无上的人格的人物。张元济认为："这些人都生在二千多年以前，可见得我中华民族本来的人格是很高尚的。只要谨守着我们先民的榜样，保全着我们固有的精神，我中华民族，不怕没有复兴的一日！"

这本书是张元济在七十岁生日之际，身处抗日救亡运动的时代背景下，通过传统的道德和古训有感而发，激励国人维护民族、人格的尊严。

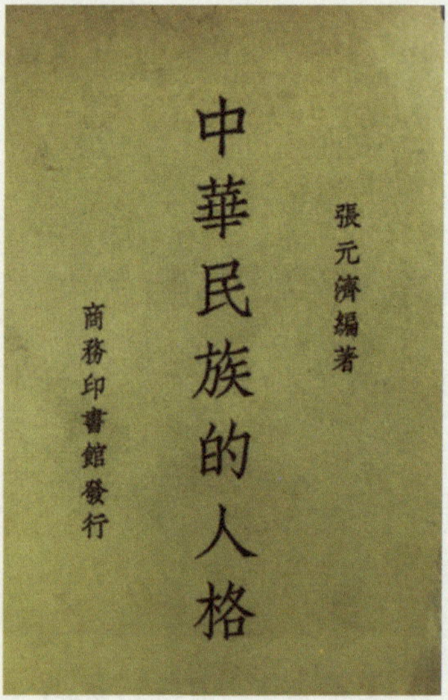

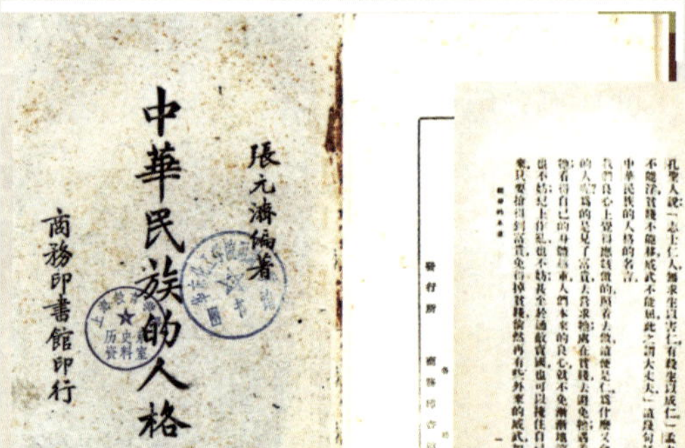

《中华民族的人格》内页

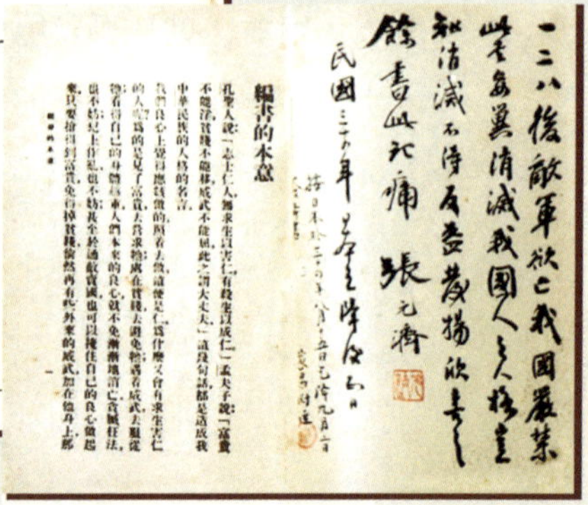

《中华民族的人格》序

1937–1946

维持

1937年，总管理处暂设长沙、香港。

1938年，在香港出版《东方画刊》《健与力》杂志。

1939年，印行《辞源》正续编合订本。

1941年，《东方杂志》被迫停刊。总管理处迁至重庆。

1943年，《东方杂志》、《健与力》等复刊。

1944年，东方图书馆重庆分馆开馆。

1937

日军进攻上海
商务损失严重

1937年8月13日，淞沪抗战爆发。商务印书馆将宝山路各个印刷厂、书栈迁移，并开设临时工场安置停业工人，暂时维持生产。9月，商务决定往内地疏散机器设备，开始向长沙输送工人和机器以新设一所印刷厂，同时扩大香港分馆的生产规模。

1937年12月14日，商务宣布总管理处暂迁长沙，设立总管理处驻沪办事处。编审部同时迁往长沙，只留部分编辑人员继续《辞源》增订、“丛书集成”等后续工作。

1941年12月8日，太平洋战争爆发，日军进入上海租界。26日，日军军部查封商务发行所及各工厂，没收图书462万余册，致使商务在上海的机构陷入瘫痪，至1942年1月18日才获启封，但机器和图书遭受劫持，损失严重。

八一三淞沪抗战

1937

总管理处迁至长沙再迁香港

战前长沙分馆

商务印书馆计划将总管理处和一部分印刷职工、印刷机器迁到长沙。但是，长沙也受到日军的威胁，后又遭长沙大火、日军空袭，致使商务内迁长沙的计划未能实现。于是，1914年成立的香港分馆、1924年设立的香港印刷局和1934年设立的香港分厂成为商务的总管理处和编印中心。在香港印刷的书籍，经由越南海防运到昆明再供应大后方。同时开辟印钞等业务，力求改善生存状态。

1941年12月，香港沦陷，商务的印刷设备及书籍全部落入日军手中，人员则分批回到大后方，继续在重庆等地从业。

1934年新建的香港分厂新厂房

……三十年十二月八日，太平洋战事发生，敌军进占上海租界。十二月二十六日，本公司上海发行所及工厂栈房同时被封，厂中机器、铜模、材料任意取去，始则曰没收，继仅发还一部分。出版图书被车去销毁者达四百六十二万余册，活字铅料被车去者达五十吨以上。三十一年一月十八日，发行所及工厂栈房虽得启封，然损失已属不赀，其中艰难困苦情形，非楮墨所能尽其万一。

——《九年来之报告》（民国三十五年九月）

长沙分馆营业部

1938
坚守香港出版

商务印书馆总管理处1938年从上海迁到香港，至1941年底，陆续初版或重版了大量适合战时民众阅读的书刊。

1938年创刊《东方画刊》《健与力》，复刊《东方杂志》《教育杂志》《儿童世界》《少年》杂志等；编印“万有文库”（第一、二集）简编；印行《辞源》正续编合订本。同时，出版或者印刷了中小学战时补充教材、“战时常识丛书”“抗战小丛书”“抗战丛刊”“战时经济丛书”“大时代文艺丛书”，以及一批学术著作。

1941年香港沦陷后，《东方杂志》等被迫停刊。

日军劫持香港分馆

……迨至太平洋战事发生，香港自十二月八日起，即在炮火连天突袭不断之中，一面冒险办理销毁各项有价证券及存版等工作，一面将厂栈全部账簿、图章、案卷等分别装箱移存库房。在香港未陷落之前，港厂后面房屋已中弹起火，影写版间、纸栈房、油墨间、铁工间均经燃烧，房屋全毁。各该屋内所存纸张油墨，全部灰烬，机器亦被烧坏。港厂正式厂屋，系水泥钢骨建筑，幸未波及。十二月十八日，敌军登陆，即进驻本厂，所有库房铁箱无不洞开，案卷账据，散失满地。至十二月二十五日，敌军占领香港全部后，分馆、分厂即被敌军管理，西环栈房亦同受封闭，损失极为重大。

——《九年来之报告》（民国三十五年九月）

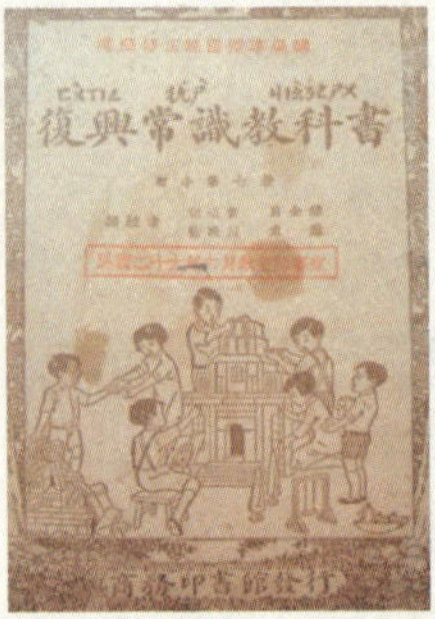

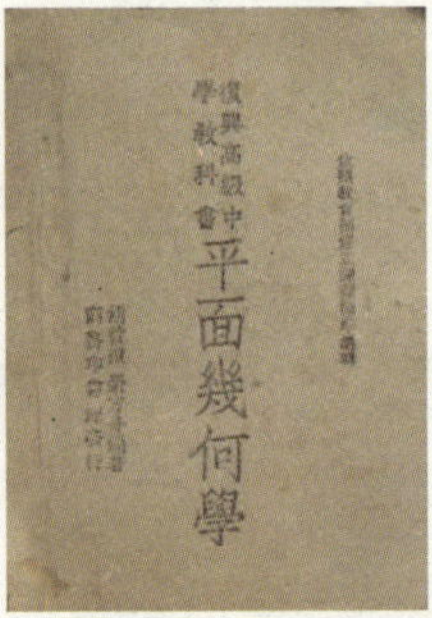

1941

总管理处迁至重庆

《战时常识》

1939年将长沙分厂迁到重庆，1940年增设重庆运输站，1941年增设驻渝编审处及成渝馆厂站联合委员会。1941年12月8日，香港沦陷，王云五总经理时在重庆，当即将总管理处暂迁重庆，并设立驻渝办事处，统率各分支厂努力奋斗。

驻渝办事处共有30多人，负责人为协理史久芸，经理李伯嘉代表商务担任国定本中小学教科书七家联合供应处（简称七联处）主任。

此时，商务在内地设有重庆、成都、赣县（后迁福建连城）三个印刷厂。1943年，商务的生产上了轨道，恢复日出一书的传统，设立了东方图书馆重庆分馆。重庆分厂职工有130多人，月排字约400万、月铅印约2000令。

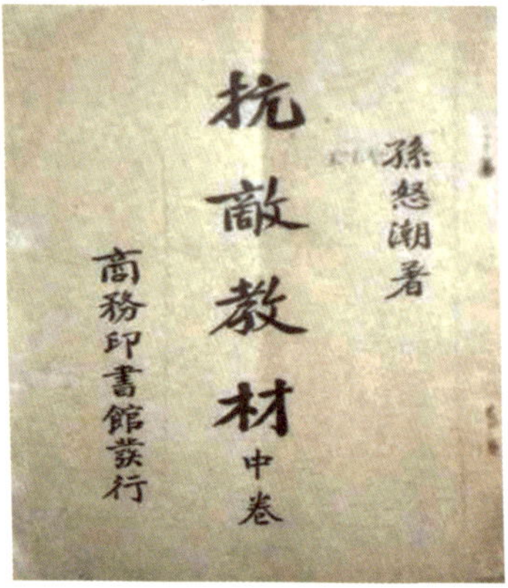

《抗敌教材》

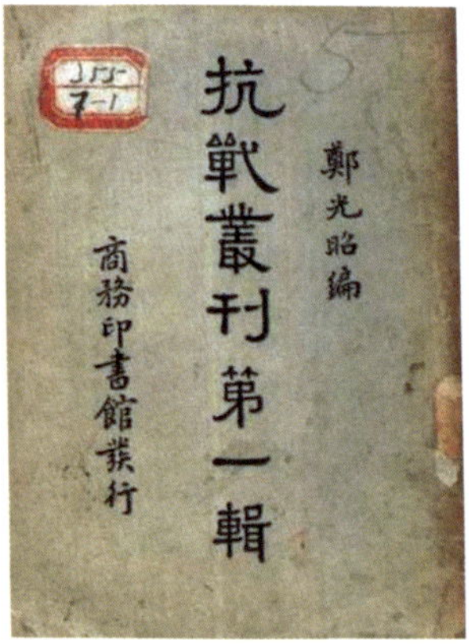

《抗战丛刊》

重庆商务分馆僻处在一旧式的小路上，离开书业的中心颇远，说到地点便利，当然够不上。但对于这一条件之缺陷，我却以其他条件补偿之，就是对于服务，藉劝导与实际的奖励，所有营业人员都特别热心，加以各种书籍，皆分类陈列，井然有序；顾客如尚有不明白者，营业人员无不详为解释，其暂未陈列者，顾客如有需要，亦可将所需书籍及其住址留下，俾查明后函复；凡此种种，皆使远道而来之顾客，无不感觉满足，不致空手而返。

随后，我又以馆屋空地，加建数间房屋，设一小规模之图书馆，将商务在后方尽量搜罗所得之样书两分，一存南岸汪山，以防空袭损失，一则存放该图书馆中，连同在渝出版新书，及其他可能获得之书籍，一律公开供人阅览。该馆定名为东方图书馆重庆分馆，虽僻处一隅，而日夜前来阅览者，平均每日二三百人，于是此偏僻之地，颇为读书界所习知，而藉阅览之便利，更鼓起其购书之兴趣。以故，在一个简陋而偏僻之商务分馆店堂内，常常拥满了人，以视处在热闹地点，备有广大店面之许多同业，在图书的营业上，商务竟首屈一指。这只是指重庆一地而言；至于后方其他分馆，亦均本此原则，力从服务及陈列上注意到顾客之便利。

除各馆同人多为我的苦干蛮干精神所感召，同抱三度复兴商务的决心外，我所订定的各馆营业解款给奖办法，尤其有实际的鼓舞力量。

——王云五《岫庐八十自述》

1942

出版各类图书

自从总管理处确定在重庆后，商务印书馆立即投入战时文化建设，先是翻印商务以往的出版物，减低印刷成本。1942年3月恢复新书出版，第一种新书是罗家伦的《新人生观》，受到读者欢迎。王力著《中国现代语法》、冯友兰著《新原人》《新理学》《新原道》、萧一山著《清代学者著述表》、熊十力著《新唯识论》、陈寅恪著《隋唐制度渊源略论稿》等陆续出版，构成了大后方文化的重要内容。

1943年，筹备出版“中学文库”丛书400册，其中117册采自“万有文库”，105册选自抗战以来其他出版物，178册为近年在重庆初版的新书。这套书因为注重知识、内容新鲜、廉价销售，半年时间售出4000多套，创下商务在大后方的营业高峰。

同时，抓紧教科书的编印出版，在组建大后方国定本中小学教科书联合供应处时，商务仍然占有较大份额，使其在恢复生产中继续成为中国出版业的前锋。

民国二十三年（1934年）春，与国立中央图书馆筹备处定约影印《四库全书》。同时编印《幼童文库》100册。

同年二月，编印《小学生文库》500册。

同年秋，余为复兴东方图书馆，大量收购新旧图书渐达相当程度。

同年九月，开始编印《万有文库》第二集。

二十四年（1935年）二月，向故宫博物院借印宛委别藏未刊书40种，订为150册。

同年，译印《化学工业大全》数十册。

同年，余为商务印书馆就我国无数丛书中，精选百部，定名为《丛书集成》。

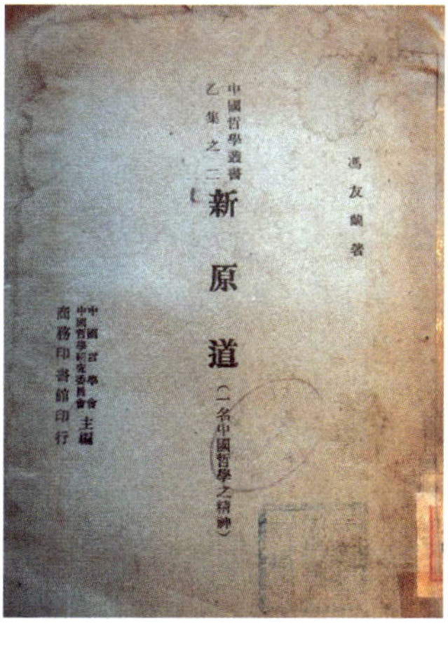

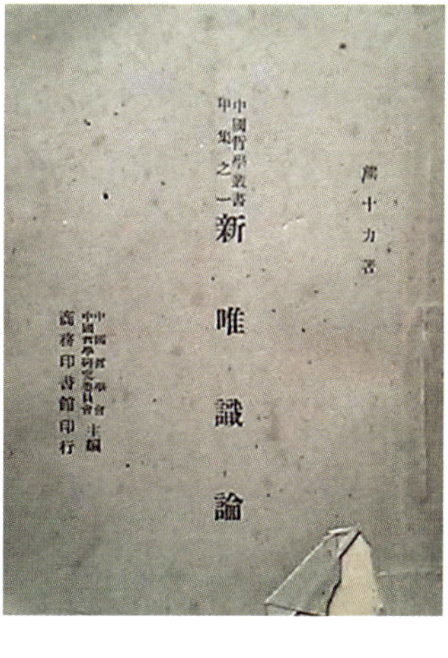

民国二十五年（1936年），余个人得中山文化教育馆之资助，以十年来搜集之大量词典资料，编辑为《中山大词典》四十巨册，合五千万言，并由该馆与商务印书馆订约，稿成归商务陆续付印。嗣以对日抗战突发，余所收集资料八百余万件悉留上海，无法进行，仅得以“一”字之长篇约一百万言印行问世。

同年四月，余就无量数国学要籍中，选定国学基本丛书400种，分别印行。

同年八月，余数年来为复兴中之东方图书馆搜集我国年谱1300余种。经定名为《年谱集成》，方考虑付印，而全面抗战突起，不果。

同年，商务印书馆新出版物最盛之一年，亦为中华民国全国新出版物最多之一年，在全国是年出版物总数9438册中，商务一家占4938册，居全国百分之五十二强。

二十六年(1937年)，为商务印书馆主编之《中国文化史丛书》80种，陆续出版。

——王云五《岫庐八十自述》

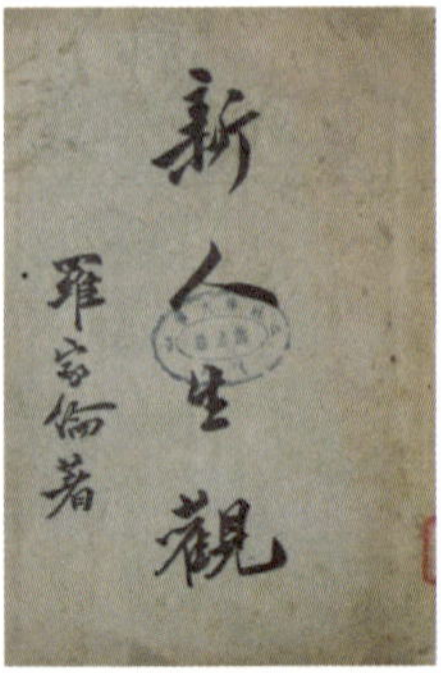

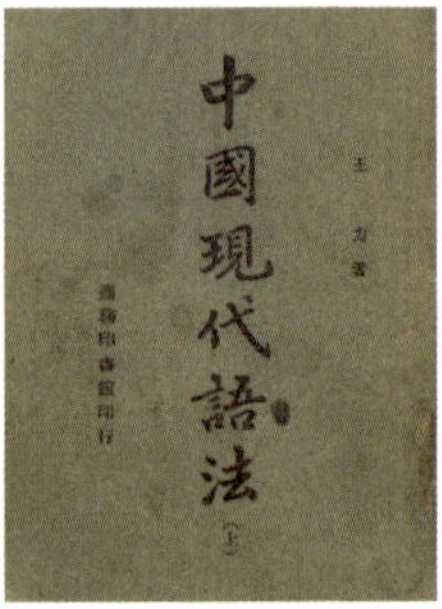

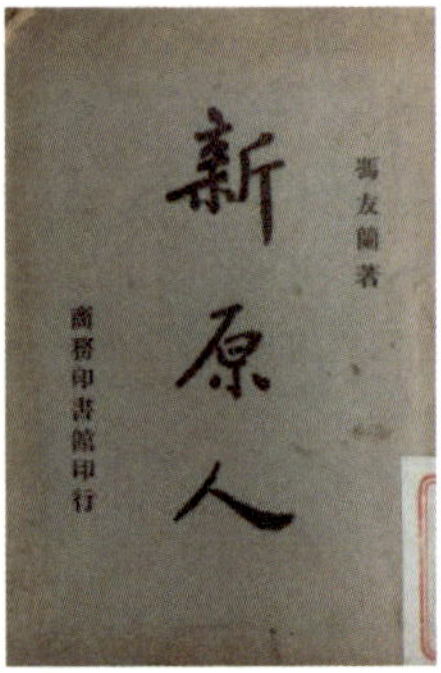

1946–1949

过渡

1946年，总管理处由重庆迁回上海。王云五离任，朱经农任总经理兼编审部部长。

1947年，史久芸代经理，谢仁冰任协理。编印“新中学文库”“新小学文库”。

1948年，设立台湾分馆。编印“国民教育文库”。

1949年，商务印书馆迎来中华人民共和国成立。

商務印書館臺灣分館
商務印書館

1946

总管理处迁回上海

1945年，抗战胜利，商务印书馆迅速派员赴港办理收复工作。年底，商务印书馆开始布局复员，从重庆抽调干部分赴各地重建或调整分支馆领导层，尤其是进驻上海、北京、沈阳、香港等地印刷厂（分馆）。李伯嘉、史久芸先行赴上海。

1946年4月28日，总经理王云五从重庆抵达上海，总管理处的大部分职工也相继抵达上海，恢复出版。

商务印书馆铅印部

兹将二十六年度起至三十四年度止，历年营业总数，分列如下：

二十六年度　八九〇七四八三元

二十七年度　六九八五五〇五元

二十八年度　一〇〇二〇九八六元

二十九年度　一四五八一九五五元

三 十 年 度　一九一七六八八五元

三十一年度　三三二五五九七六元

三十二年度　六四三七三七九九元

三十三年度　一九〇六七三一八三元

三十四年度　七一七九六八八九〇元

共　　　计　一〇六五九四四六六二元

——《九年来之报告》（民国三十五年九月）

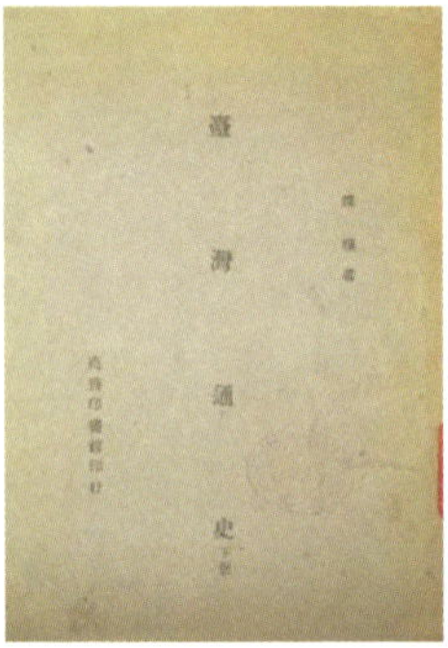

1946年《台湾通史》

我为着商务从速复员计，对于上海南京和香港均有迅速派遣重要人员前往主持之必要，不得已只好请求政府要员协助，随同专机前往。计随上海市长钱大钧氏往上海者有总馆代经理李伯嘉氏，随南京市长马超俊前往南京者有南京分馆经理王诚彰氏，随广东省政府主席罗卓英氏前往广州，然后转往香港者有总馆襄理徐应昶氏。诸人到达后，分别按照我的指示，在各该地区，或主持复兴，或接管资产。尤以香港工厂为日军所占领，机器工具多被他迁，得港政府之协助，始得陆续收回。

——王云五《岫庐八十自述》

1946

王云五辞职离任

王云五返回上海后，提出辞卸总经理职务并推举朱经农继任。董事会多次挽留无效，只能同意辞职。

王云五对于商务印书馆的贡献大致可以作这样的描述：主持商务的复兴事业，主持新式丛书出版，进行现代出版管理，探索通过扩大出书和营业规模，开创文化商业化的成功模式。

王云五带领商务进入了中国出版的一个制高点，也使商务的出版物在之后的日子里一直被人称赞。

对于商务印书馆方面，我既以精力最强之二十余年时间，为之致力；中经三度之巨劫，艰苦支撑，幸能维持不坠；当“一·二八”劫后，我原决计俟商务复业后将所有损失恢复，即行引退。及至民国二十六年（1937年）五月间，股东大会通过恢复原有股本，我的责任已尽，本拟即行辞职，不幸稍一游移，便遭抗战大事，遂无法摆脱。数年以来，无时不盼望胜利复员，我即毅然摆脱商务责任，以免将来再陷于不能自拔之局势。今幸时机已届，不宜再有游移。

——王云五《岫庐八十自述》

万有文库《四角号码检字法》

百科小丛书《中国地势变迁小史》

1946

朱经农任总经理

朱经农

朱经农1922年入职商务印书馆，相继担任编译所哲学教育部部长、国文部部长，后离职进入教育界发展。

1946年9月，朱经农辞去教育部次长职务，继任商务印书馆总经理兼编审部部长，除了继续中小学教科书出版，还重新修正出版“新中学文库”（收书413种、463册）、主编“新小学文库”（收书131种、200册）、主编“国民教育文库”（共98种、100册）等三套大型普及型文化丛书。同时对商务自1937年至1946年间的账目、原有存稿等进行了清理、核定，恢复了《东方杂志》《教育杂志》等出版。但因着人事和环境的变迁，难以有所突破。1947年11月，欲出席国际科教联合会会议而提出辞职，获董事会同意。

“新小学文库”

“国民教育文库”

1948
设立台湾分馆

1947年7月，商务印书馆决定从福建、厦门两分馆及梅县支馆调派五人赴台北筹设支馆，9月开业。台湾改制建省后，商务总管理处指示在台机构改为分馆，以提高相应层次。

1948年1月5日，台湾分馆在台北重庆南路一段37号开业，拥有一座三层楼房办公，职工十余人，由总管理处原会计主任赵叔诚任经理，经营以销售上海运去的图书为主。

1949年5月上海解放，商务总管理处不再向台湾分馆发货，分馆只能以销售存货维持营业。

1950年11月，台湾分馆更名为“台湾商务印书馆股份有限公司”，以新台币20万元办理登记，1951年5月取得营业执照，从此开始独立经营，逐渐向编辑、印刷、发行为一体的出版机构方向发展。

商务印书馆不同时期在台湾的建筑外观

商务印书馆1950年时的自我评价：

商务从创立迄今，刚走完了半个世纪又三年。回顾过去，它对中国民营出版事业的建立和新教育新知识的启蒙，确曾起了很大的作始和促进的作用。但它也有其严重的弱点；这个弱点，存在于一般民族资产阶级的软弱性和动摇性上。例如在五四新文化运动中，商务原也积极参加过，当时除了出版各种新文化丛书外，并编印许多进步的杂志，都拥有广大的读者，在思想上发生积极的影响。五卅惨案发生，《东方杂志》特出临时增刊，抗议英帝的暴行，致遭受租界工部局的控诉。在大革命进行中，商务同人英勇参加，更留下光荣的史迹。但等到大革命失败，反动的统治政权一抬头，商务为了保持它的既得利益，放弃了斗争的企图。由此，出版工作脱离了政治任务，连进步的书刊也停止刊行了；而且对反动政府施于职工中进步份子的压迫，不能尽照顾的责任。尤其自从抗日胜利以后，随着反动统治压力的加强和经济情况的恶化，在反动政府对新闻出版事业配给纸张和贷款的利诱之下，商务对反动政权便日益屈伏；虽眼见人民力量的越发盛大，仍意存观望，趑趄不前，于是它的业务也就日益离开人民的真正利益。

——《商务五十年》

1949–1958

改组

1949年，陈夙之任总经理，谢仁冰任经理。张元济赴北京参加政协全国代表大会。

1950年，袁翰青任总经理，高凤池病逝。商务印书馆与三联书店、中华书局、开明书店、联营书店联合组建中国图书发行公司。袁翰青、谢仁冰等参加第一届全国出版会议。

1953年，出版《中华人民共和国药典》。

1954年，总管理处迁北京，实行公私合营，改组为高等教育出版社。

1956年，出版《新华字典》（新版）。

1957年，恢复商务印书馆独立建制。

1958年，郭敬任总经理，陈翰伯任总编辑。

1949
中小学教科书被替代

1949年7月21日，上海成立由华东新华书店主导、62家私营出版社参加的公私合营上海联合出版社，担负临时教科书的出版发行任务。配合教育部门组织临时教科书编辑委员会新编一套临时课本，以替代民国时期的旧教材。

上海联合出版社用50多天的时间赶印中小学临时教科书20种42册，共发行932万余册，保证了1949年秋季中小学校如期开学。

1950年9月，出版总署确定中小学教材由全国统一供应，上海联合出版社并入人民教育出版社和新华书店华东总分店等。

从此，商务印书馆出版发行的中小学教科书迅速被替代，成为历史的记忆。

高級小學適用
臨時課本
國語
第八冊

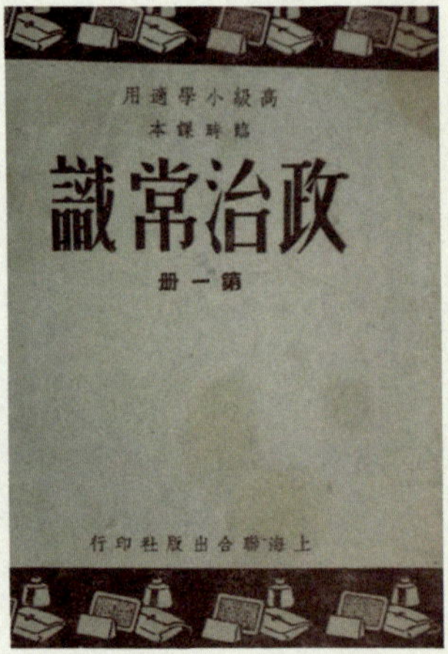
高級小學適用
臨時課本
政治常識
第一冊
上海聯合出版社印行

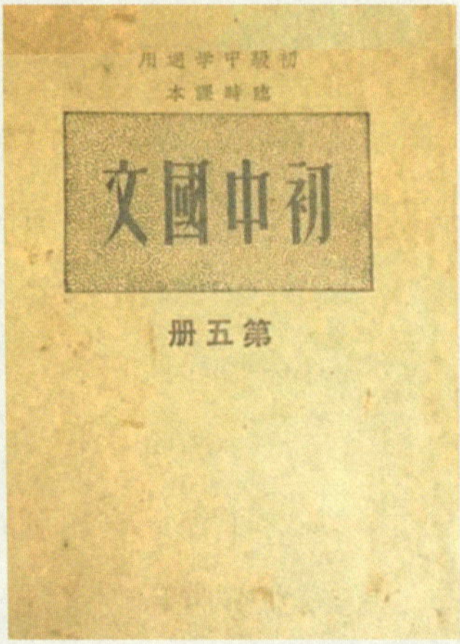
初級中學適用
臨時課本
初中國文
第五冊

1949
张元济赴京参加政协大会

1949年9月6日，商务印书馆董事长张元济作为特邀代表赴京出席中国人民政治协商会议第一届全国代表大会。8日抵达北京，参加准备会议。21日会议开幕，张元济被推选为主席团成员，30日会议闭幕。

10月1日下午，张元济在天安门城楼参加新中国成立开国大典。10月19日乘车离京，21日抵达上海。

其间，张元济受到了毛泽东主席的两次接见，朱德总司令、周恩来总理等的看望或与其共进午餐等。

在京期间，张元济多次招待、拜访商务旧友沈雁冰、胡愈之、叶圣陶、郑振铎、周建人、陈叔通等，并与中宣部部长陆定一、出版总署署长胡愈之、全国总工会筹备会李立三等就出版业的分工合作、工会组织发展等问题进行了交流。

李立三言，工会要求不宜滥允。

叔通来言，筹备会李立三演讲，工会有团结，商业同业无组织，不团结。遇工会过分要求，只图苟安，目前随意应允，且与签约，事后翻悔。此与工会为难者一。又资方怕事，工会要求不敢与之争辩，一切推归工会，工会即欲扶助，资亦无从措词。此与工会为难者二。渠甚盼资方与劳方尽管斗争，斗争不已，工会出为仲裁，反可持平。并盼资方不可怕事。怕事反要生事等语。叔通并属函告夙之。今日已去信告夙之。

又交来北平药业劳资集体合同一份。午后伊见思来，交与阅看，并属交与宣信予，看后径寄公司。

——张元济日记（1949年9月19日）

九月二十五日

九时半出门访陈云于朝阳门大街一一七号。旧称九爷府，后被收为励志社，今为财政管理处。据招待者云，不在。留一函而出。

十月二日

陈云来谈，约一小时去。

——张元济日记（1949年）

李立三、朱学范来。告以职工会拒绝公司擢用。

四时，李立三、朱学范来访。余以本馆职工会筹备会常务不肯加入改组职务，似欠合作，告之二君。李君询何理由。余答以诸人以恐被疑为资方买收，故而胆怯。李君言职工不应违抗公司用人之权。谈一小时而别。询王景云，云年七十一，颇衰，刻赴北戴河休养，人皆呼为王老云。

——张元济日记（1949年10月8日）

出版事应分工合作。马列主义书亦可出，须先给中宣部审阅。

胡愈之偕陆定一、徐特立来，谈出版事。大意在分工合作。新华与各商营出版应互相扶助，国营并非专利，即马列之书亦可出版，但须送中宣部先看一过。至于印刷发行，亦须分工合作。属余到上海后邀同业讨论如何分工合作，定一计画。将来出版总署即召开出版会议，将计画提出总会，互相讨论。以上皆陆君所言。徐君则言政府可不必编定教科书，只须拟定纲要，予教师、学生以自由，不能越出范围，但却不宜株守。此为法国办法。陆君对此无甚议论。胡君所言与陆君互相发明。遂偕往玉华台午饭。到者多商务旧同事:周建人、叶圣陶、胡愈之、沈雁冰、郑振铎、祝志澄、原名根福，曾从长征者。胡□□、黄洛峰、徐伯昕、陈叔通及主人陆、徐二君。二时散。

—— 张元济日记（1949年10月11日）

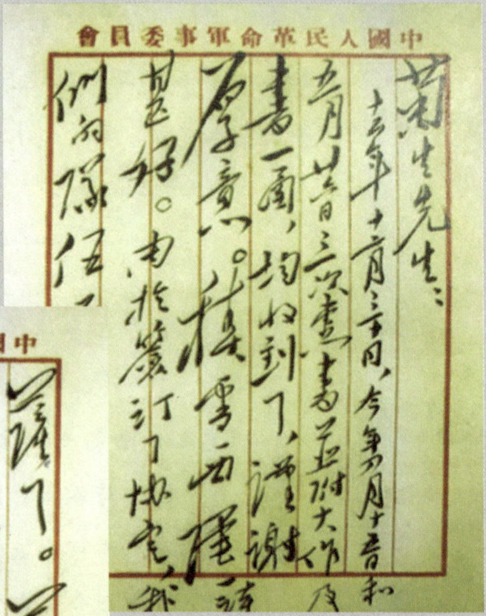
中國人民革命軍事委員會

菊生先生：

去年十一月二十日，今年四月十三日和

五月廿三日三次惠书并附大作及

书一函，均收到了，谨谢

厚意。积雪西园

甚好。

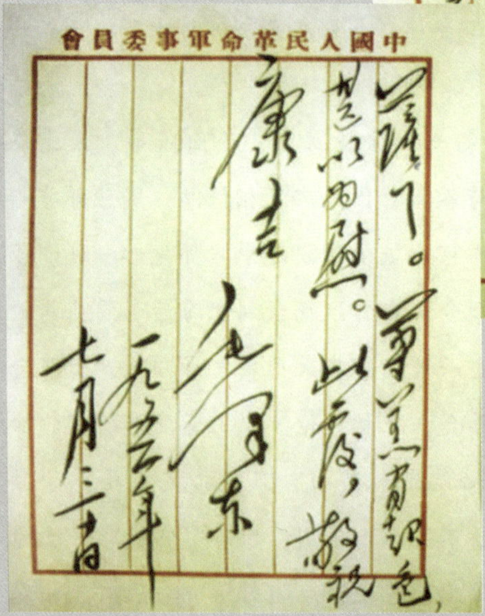
中國人民革命軍事委員會

谨谢了。尊恙有起色，

甚以为慰。此复，敬颂

康吉

毛泽东

一九五一年

七月二十日

1951年毛泽东致张元济的信

1950

谢仁冰等参加第一届全国出版会议

1950年9月15—25日，出版总署召开第一次全国出版会议，提出“统筹兼顾，分工合作”的原则，并制定了逐渐消除出版发行工作的无组织、无计划现象的各项方针。

商务印书馆袁翰青、谢仁冰、史久芸等参加会议。张元济因病未能出席。

会议期间，商务向大会发放了一份《商务五十年——一个出版家的生长及其发展》的小册子，在“结语”部分写道：

解放以来，新中国的光明远景已经在逐步具体实现。在这个新建设的过程中，出版事业是有其一定的任务的。商务已在人事上改组，此后应当扬弃旧传统中的缺点，努力学习，改造和充实自己……

商务衷诚希望与公私同业加紧团结，共同迎接即将到来的文化建设高潮。

商务印书馆印刷所专营印刷事业，兼制印机、铅字、铜模等件，历年俱有进步，此时的积累包括：

印书机器 七十九部

订书机器 十九部

活版排字 每年约七万四千页

活版印刷 每年约二十一万万页

单色石印 每年约二万五千万页

五彩石印 每年约三万二千万页

洋式装订 每年约五百余万册

华式装订 每年约三千五百余万册

铅字 每年约三十二万六千磅

铅版 每年约十二万五千余块

铜模 每年约十四万五千个

此外，尚有照相铜版、照相锌版、玻璃版、雕刻铜版、雕刻钢版等，专供印刷图画及股票钞票商标之用。

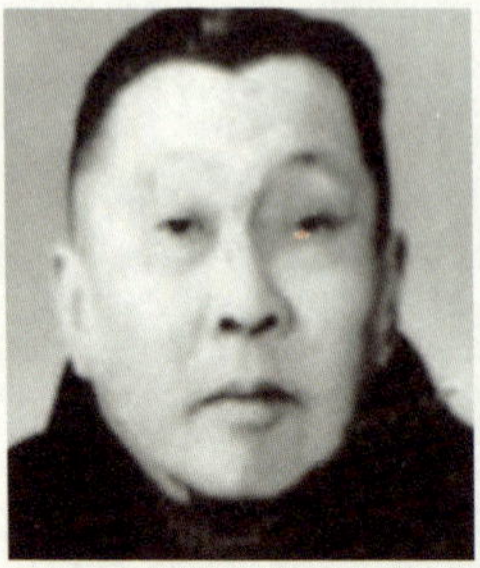

谢仁冰

《第一届全国出版会议纪念刊》

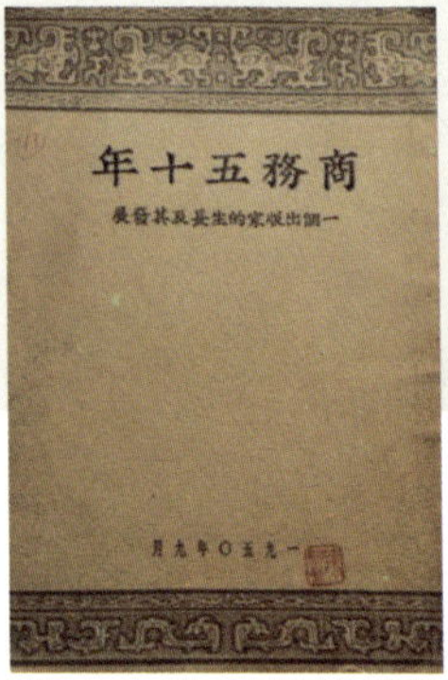

《商务五十年》

1950

商务等合组
中国图书发行公司

1950年12月9日，根据出版总署指示，三联书店、中华书局、商务印书馆、开明书店和联营书店联合组成公私合营性质的中国图书发行公司，将5家单位的发行机构在全国35个重要城市的87处分支店、职工2058人合并成总公司和各地分支公司开展经营活动。

商务印书馆出版的图书也交由该公司发行。

商务发行所与隔墙而立的中华书局发行所打通后组成一个整体，作为中图公司上海分公司重新开业。商务其余24家分支馆则分属各地中图分支公司。

1953年12月12日，出版总署决定中国图书发行公司自1954年1月起并入新华书店，中图总公司与新华书店华北总分店组建新华书店北京发行所，专门办理发货业务，中图公司各地分公司并入当地新华书店。

1954年1月，中图上海分公司并入新华书店上海分店。

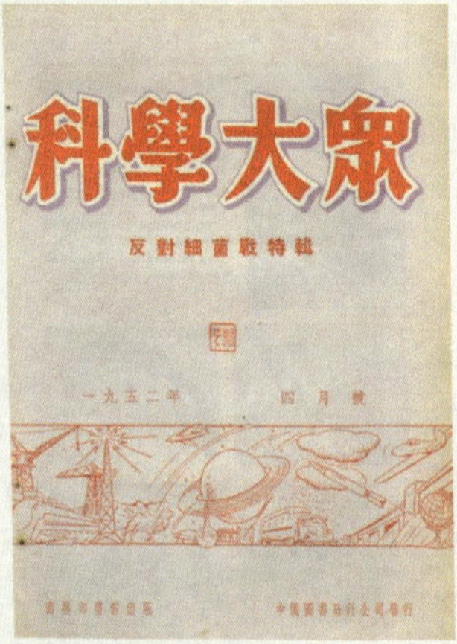

中国图书发行公司发行、
商务印书馆出版的
《科学大众》

商务印书馆生产机构的分布

现有的：上海（1897）、北京（1905）、香港（1924）

裁撤的：长沙、赣县、连城、重庆、成都

营业机构的分布

现有的：上海（1902）、北京（1906）、天津（1906）、沈阳（1906）、保定（1913）、济南（1907）、太原（1907）、西安（1910）、兰州（1935）、成都（1907）、重庆（1906）、万县（1938）、昆明（1916）、贵阳（1914）、长沙（1907）、南昌（1909）、汉口（1903）、南京（1914）、杭州（1909）、福州（1906）、厦门（1914）、广州（1907）、汕头（1937）、桂林（1938）、南宁（1947）、香港（1914）、新加坡（1916）

裁撤的：

黑龙江省：齐齐哈尔

松江省：哈尔滨

吉林省：吉林 长春

察哈尔省：张家口 大同

河北省：石家庄 邢台

山西省：运城

陕西省：南郑

山东省：青岛

浙江省：兰溪 金华 江山 吴兴 龙泉

安徽省：安庆 芜湖 庐江 桐城

福建省：永安 南平 鼓浪屿

江西省：万载 吉安 赣县 九江 瑞金 南丰

河南省：开封 南阳 许昌 洛阳 郑州

湖北省：恩施 武昌 老河口 郧县

湖南省：邵阳 常德 衡阳 沅陵 湘潭

广东省：开平 澳门 湛江 高要 曲江 梅县 潮阳

广西省：柳州 梧州

四川省：沪县 江津 宜宾 内江

西康省：康定

香港：九龙

——《商务五十年》

中国图书发行公司出版的
《新书快报》

……

（二）像商务、中华这样的发行机构，从前主要是为了发行自己的教科书和别的本版书而建立起来的，因此不可避免地会有盲目竞争和重复浪费等情况，这是资本主义经营方式下必然的结果。今天中国的革命既已取得了伟大的胜利，我们已在建设新民主主义的新社会，那么把这些发行机构改变其经营方式，使这一份发行力量得以充分发挥其作用，今后能更好地去为人民的出版事业而服务，这也是必然发展的结果。也就是说，只有这样改变了，才意味着这是在人民的新时代，才是人民出版事业中发行工作者应走的道路。否则的话，这一份发行力量，如果不能好好加以运用，那么这就是国家的损失，也是人民出版事业的损失。

——《出版总署关于三联中华商务开明联营书店组织联合发行机构的通报》（1950年11月11日）

1953

出版《中华人民共和国药典》

1953年，商务印书馆出版由国家卫生部召集、中国药典编纂委员会编制的《中华人民共和国药典》。

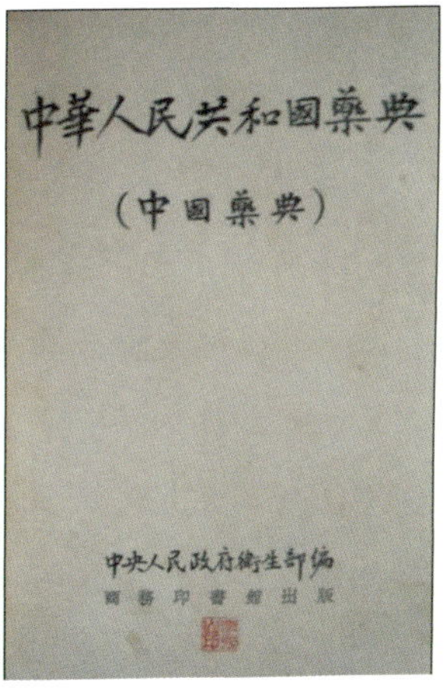

《中华人民共和国药典》

《药典》以合乎中国国情，具有民族化、大众化为基调，收入了药品531种，其中化学药215种、植物药与油脂类65种、动物药13种、抗生素2种、生物制品25种、各类制剂211种。

1957年出版了增补本，增加了中成药内容。

出版总署党组关于中国图书发行公司并入新华书店给文委党组的报告

（1953年2月10日）

仲勋同志并文委党组：

商务印书馆和中华书局要求抽回在公私合营的中国图书发行公司（简称中图）的资金，我们准备接受他们的要求，由该公司将商务、中华的私股和其他私股退还，然后将中国图书发行公司并入新华书店。但在北京、上海仍暂时保持中国图书发行公司的招牌。这样，可使书籍国内发行工作一元化，城市发行网得到合理调整，以便节省人力物力，提高计划发行的效果。

……

在商务、中华方面，则亟愿把这个发行机构包袱完全卸掉。商务董事陈叔通去年曾数次当面向胡愈之提出，希望出版总署解决中图问题，另一商务主要人物戴孝侯曾向本署出版局副局长民主人士傅彬然谈到希望中图与新华合并。去年十一月间商务、中华曾分别召开董事会，讨论此事，会后正式向本署呈文，建议把中图并入新华。并提出如下要求：（一）抽回在中图的全部流动资金；（二）以后两家出版物由新华发行，可销存书亦售予新华；（三）各地房屋售予新华。窥其用意，主要在一、二两点。因为今天两家都感流动资金缺乏之苦，抽回资金即可投入出版，出版是赚钱的事。而只要新华发行其出版物，他们并无保持中图这个发行机构的必要。

……

出版总署党组书记

陈克寒

（习仲勋同志于2月20日批复：“同意克寒同志的意见并希照此办理。”）

《中华人民共和国药典》
（1953年版）

《中华人民共和国药典》
（1963年版）

1954
迁址北京改为高等教育出版社

1951年，商务印书馆在北京设立总管理处驻京办事处，由史久芸主持。编审部迁京，由袁翰青兼任部长。1952年，出版部迁京与编审部合并，由袁翰青、戴孝侯主持。1953年，东方图书馆全部藏书捐献给政府。

1954年，商务总管理处迁京，实行公私合营，改组为高等教育出版社。董事长仍由张元济担任，副董事长艾大炎。私方董事为张元济、俞寰澄、徐凤石、梁思成、陈夙之、王完白、江寰清、韦傅卿、俞明时、郁厚培、丁溶、陶公择。艾大炎、崔仲远、武剑西、金灿然、汤季宏任公方董事。4月30日召开大会宣布成立，社长兼总编辑为武剑西。

1956年，商务印书馆上海印刷厂经过公私合营，步入了一个崭新的发展阶段，厂房面积从5921平方米扩展到23000平方米，固定资产从76万元发展到4000余万元，成为上海市较大规模的全能型书刊印刷企业。

张元济给陈叔通的信

（1953年10月16日）

叔通吾兄有道：

本月初旬曾上一函计先达 览往岁商务多难之秋未雨绸缪曾以公私合营之策乞兄 向政府进行商讨力图改造卒以时机未至旋即中缀近读人民日报社论鼓励私人资本和国家经济合作之语怦怦欲动正拟乞

兄续申前请迨接久芸先后来信谓出版总署约谈对商务多所咨询意至恳切久芸曾经据以报告并蒙 示以政府对于私人企业决定改造公私合营时机已熟亟宜急起直追与鄙意不谋而合出版总署既已与久芸迳谈即宜由久芸继续商讨不敢再以相烦但求吾 兄与以种种指示附奉与久芸一信即祈 台阅如无不合并即招久芸至 府交付至应与总署如何进言亦祈与以指挥无任感荷工商联不久开会事必繁忙务祈

加意珍卫言不尽意

弟元济谨上

张元济给史久芸的信

（1953年10月16日）

久芸吾兄：

自解放四年以来，本馆董事会及总管理处负责诸同人蕲求公私合营，已非一日。前曾奉恳陈叔老向主管机关，代为进言，总以时机未熟，条件未备，致不克偿其宿愿曷胜怅惘。

近年以来，由于政府正确的领导，和全体同人之努力，公司经济渐见好转，所欠人民银行债款，悉数归清，本年各项开销，亦较过去各年为节减。如于机构之调整，生产之改进等，再加努力，可望收支趋于平衡。且本馆接受中央高等教育部高教课本及卫生部卫生教材的出版任务，并承印各个国营出版单位的印件，即等于为国家加工定货，至所出各书，由中图或新华总经售，亦即含有国家资本主义之性质。

近来政府对于私营工商业，正在号召逐步施以社会主义的改造，各方面咸表拥护，弟闻之亦极感兴奋！窃以为本馆改为公私合营之时机，业已来临。且本馆自确定出版方向以后，一切进步条件，亦较过去为优。顷闻中央出版总署出版管理局金常两副局长召兄谈话，对于公司业务情况，询问甚详，具征政府关怀之至意！兹弟谨代表董事会，委托吾兄，根据函陈各节，先向金常两副局长口头提出要求，赐予本馆尽先公私合营，俾本馆能更多更好地为人民服务，用偿宿愿。所有洽商情形，并盼迅为见示，不胜企幸之至！ 此致

敬礼

弟张元济谨上

商务印书馆捐赠东方图书馆藏书褒奖状

商务印书馆捐赠二十一册《永乐大典》褒奖状

商务印书馆进入公私合营的建议

自解放以来，我馆所旦夕蕲求的公私合营，现在原则上已获得中央出版总署及高等教育部的同意。我会同人及我馆全体负责同志与全体职工同志闻讯后，咸以十二万分感奋的情绪表示拥护，并愿以最大的努力做好合营工作。

为使整个企业及时获得社会主义改造，以迎接即将到来的文化建设高潮，中央出版总署并已同意我馆一次全面地进入公私合营。鉴于时机已熟，并根据我馆目前具体情况，兹谨提供有关合营工作的各项建议如次：

（一）机构及名称：

（1）拟请以高等教育部编辑部门及我馆原有组织与人员为基础，适当地加以合并改组，由公方选派干部领导及参加工作，成立新机构，并确定其为公私合营的有限责任组织。

（2）新机构的董事会及总机构拟请设在北京。

（3）董事会的名额中应请公方代表占多数，并以公方代表为董事会主席。

（4）拟请为新机构另定名称，以新观感，但为适应目前情况，得暂行局部或全部以我馆名称行之。

（二）发展方向：

拟请以出版配合高等及中等技术教育所需的科技课本、参考用书为重点，其我馆过去出版的一般科技读物、工具用书、古典文艺书籍亦得继续出版，并以兼营书刊印制工作为发展方向。

（三）合营开始日期：

拟尽可能争取在1954年元旦进入公私合营。

（四）资金：

由于我馆具有50余年的历史，对外债权债务——特别是债务方面包括未付预约书、未付版税、同人存款、同行存款及其他应付未付款项、待付款项等等，情形极为复杂，在进入合营前，难于清理完毕，更由于清理公股公产依法系以1950年重估价值为基础，致账面资产净值与实际净值尚有相当距离。为免影响合营工作的进行，拟以我馆1953年决算后的全部资产负债移转新机构，并暂以其中原有的资本总额人民币200亿元及有1950年重估财产增值总额与1949年原提调整资本准备金项下提出200亿元共为400亿元作为我馆投入新机构的资金，连同公方视实际需要另行投入的现金作为新机构的资本总额；一面暂按我馆清理公股公产所核定的公私股成份及公方另行投入现金的多寡作为公私双方对新机构的投资比例。一经我馆对外债权债务清理完毕并进行清产核资后，再重行考虑调整新机构的资本总额及公私双方的投资比例。

（五）清理工作：

前项清理我馆对外债权债务的工作拟自开始合营之日起，定期一年完成，并在新机构内设立临时机构专司其事。所有因清理或就我馆原资产进行清核而发生的收付以及清理实用统在我馆1953年决算后的各该资产负债科目或其他适当科目的原余额内分别收付，其不敷支付者

《太平天国新军的运动战》

则在公积金项下支付之。又届满一年时，倘债务尚未清理完毕，敷实估计其需要，亦在公积金项下，另提清理基金，作为结束。

（六）筹备工作：

拟由公私双方各推代表若干人协商起草公私合营的具体方案，组织筹备处，以公方代表为主任，在中央出版总署及高等教育部的领导下，进行工作。

（七）其他事项：

在进入公私合营前，我馆拟召开股东会，主要的为通过公私合营原则，并报告1950年股东会以后的各年帐略、业务概况及清理公股公产结果。

商务印书馆董事会谨具

1953年11月2日

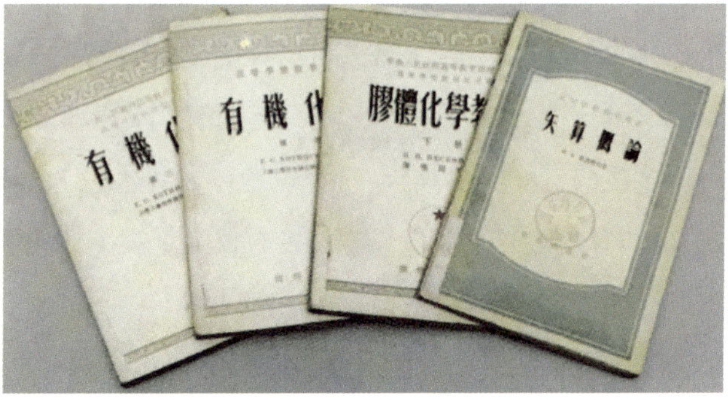

高等教育试用教材

1956

《新华字典》（新版）出版

1956年，商务印书馆出版了由新华辞书社编写的《新华字典》。之前，由人民教育出版社印行了第一版，以注音字母顺序排列。1956年由中科院语言研究所词典编辑室修订后，改为按汉语拼音字母顺序排列，由商务重排出版。

《新华字典》是新中国出版的第一部按汉语拼音音序排列，以白话释义、用白话举例的字典，也是一部最具权威的小型汉语字典。

参与《新华字典》编纂的名家先后有魏建功、叶圣陶、刘庆隆、陈原、吕叔湘、金克木、丁声树等，经过十多次修订，到2016年7月全球发行量共达5.67亿本。2016年4月伦敦吉尼斯世界纪录发布仪式上被确认为世界上“最受欢迎的字典”和“最畅销的书”。

各种版本的《新华字典》

1958
恢复独立建制

陈翰伯

1954年，商务印书馆改组为高等教育出版社的同时，保留了商务的牌子，担负高等学校、中等专业学校各科教学用书和原由商务出版的古籍、科技及工具书等书籍的编辑出版任务。

1958年2月，文化部商得高等教育部同意，将高等教育出版社与商务印书馆分立为两个独立的出版社，商务由文化部领导，以翻译外国的哲学、社会科学方面的学术著作为主，并出版中外文的语文辞书。董事长仍为张元济，徐凤石、俞明时、韦傅卿、陈夙之、郁厚培、俞寰澄、江寰清、陶公择续任私方董事；副董事长王益，金灿然、汤季宏、郭敬、陈翰伯为公方董事，郭敬任总经理，陈翰伯任总编辑。

1958—1966年翻译出版的外语学术名著

20世纪60年代商务印书馆办公楼

1958–2018

重启

1959年，陈翰伯任总经理兼总编辑。张元济病逝于上海。

1966年，“文化大革命”开始，“造反派”声称“彻底砸烂”商务印书馆。以“东方红出版社”名义出版新书。

1971年，商务印书馆复业（与中华书局合营）。

1977年，陈原任商务印书馆、中华书局（合营）总经理兼总编辑。

1978年，《现代汉语词典》出版。

1979年，商务印书馆与中华书局分立，陈原任商务印书馆总编辑兼总经理。王云五病逝于台北。

1982年，出版“汉译世界学术名著丛书”第一辑。

1983年，林尔蔚任总经理。

1993年，京、港、台与新、马五家商务合营商务印书馆国际有限公司成立。

1996年，杨德炎任总经理。

2005年，影印出版文津阁“四库全书”。

2008年，王涛任总经理。

2010年，于殿利任总经理。

2016年，商务印书馆第五印刷所旧址修复。

中華書局總公司

1958
迁址

1958年，商务印书馆恢复独立建制时，馆址在北京东总布胡同10号，此地原为俄语专科学校，解放后为出版总署、人民出版社所在地。人民出版社在1958年搬到朝内大街新楼后，商务得以迁入。1961年，文化部文化学院“下马”，商务印书馆、中华书局同时迁入翠薇路2号院址办公。“文革”开始后，商务、中华职工全部下放干校，该址由当地政府部门安排居民入住，1971年商务“复业”时只能与中华书局一起挤入王府井大街36号。

1997年中华书局迁出，2004年商务印书馆办公楼装修竣工，设立馆史陈列室，终于有了一个追思、怀想、奋进的新天地。

20世纪50年代商务与中华在一起办公

商务印书馆现址

1959
名家陨落 激励前行

1959年8月14日，张元济病逝于上海，享年93岁。1949年新中国成立后，张元济历任第一届全国政协委员，华东军政委员会委员，上海市文史研究馆馆长，第一、二届全国人大代表，国务院规划委员会古籍整理出版小组委员。

1979年8月14日，王云五逝世，享年92岁。1946年开始，王云五历任民国政府经济部长等职，1963年至1979年担任台湾商务印书馆董事长，创设财团法人台北市云五图书馆。

商务创始人夏瑞芳1914年遭袭身亡后，因为有着张元济、王云五等出版人的不懈努力，使得商务一直勇往向前。

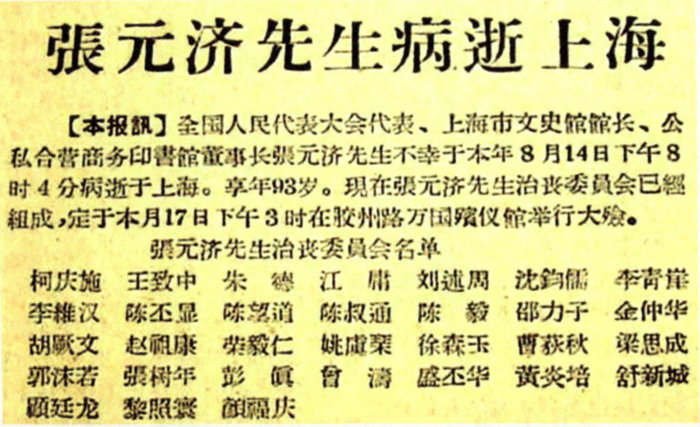

張元济先生病逝上海

【本报訊】全国人民代表大会代表、上海市文史館館长、公私合营商务印書館董事长張元济先生不幸于本年8月14日下午8时4分病逝于上海。享年93岁。現在張元济先生治丧委員会已經組成，定于本月17日下午3时在胶州路万国殯仪館举行大殓。

張元济先生治丧委員会名单

柯庆施	王致中	朱　德	江　庸	刘述周	沈鈞儒	李青崖
李維汉	陈丕显	陈望道	陈叔通	陈　毅	邵力子	金仲华
胡厥文	赵祖康	荣毅仁	姚虛渠	徐森玉	曹荻秋	梁思成
郭沫若	張樹年	彭　眞	曾　濤	盛丕华	黄炎培	舒新城
顧廷龙	黎照寰	顔福庆				

1959年8月16日《文汇报》刊登张元济病逝讣告

张元济祖孙三代
摄于上海上方花园

晚年王云五

1978

出版《现代汉语词典》

《现代汉语词典》

1978年，商务印书馆出版《现代汉语词典》，由中国社会科学院语言研究所编纂，著名语言学家吕叔湘、丁声树等主持。之前在1960年印出“试印本”征求意见，1965年印出“试用本”送审稿，1974年内部发行试用本。

《现代汉语词典》是中国第一部规范性的语文词典，以规范性、科学性和实用性为主要特点，在海内外享有很高声誉。

2016年，出版《现代汉语词典》第七版，体现了相关学科研究的新成果，反映了现代汉语词汇的新面貌，落实了国家语言文字方面的新规范。

同时，《古汉语常用字字典》《辞源》（修订本）也相继问世，成为读者喜闻乐见的工具书。

吕叔湘

丁声树

1979年举行《辞源》（修订本）出版座谈会，
胡愈之、叶圣陶、吕叔湘等出席

1979
人才辈出　继往开来

陈翰伯

陈原（左）

1959年—1966年是陈翰伯任商务印书馆总经理的时期，根据上级确定的翻译资本主义国家的哲学、社会科学、自然科学方面的著作，出版中外文的语文辞书这两项出版任务，通过制订选题计划，确定了一个中期、短期的选题计划并组织实施翻译，同时组织编修工具书，为1978年开始的再现辉煌奠定了扎实的基础。

1977年陈原任商务、中华（合营）总经理；1979年商务恢复独立建制，陈原任总经理。这个时期，“汉译世界学术名著丛书”连续三年每年出版一辑50种，各种词典陆续推出，使商务继续保持着一种高雅、稳重的出版品格。

1983年—1993年是林尔蔚任总经理的时期，在一个出版竞争、现代格局形成阶段，通过贯彻出版方针、任务，制定完善规划、强化编辑责任、提升经济效益、加强海外合作等方面的努力，使商务继续走在改革开放的路上。

1996年—2008年在杨德炎任总经理的时期，翻译哈佛企管丛书，出版文津阁“四库全书”，维护《新华字典》《现代汉语词典》等品牌并使之与时俱进。

经过这四位新中国的出版名家的辛勤耕耘，商务的出版事业阳光灿烂。

林尔蔚（右）

杨德炎（右）

1981

“汉译世界学术名著丛书”出版

1981年，在商务印书馆建馆85周年之际，开始出版“汉译世界学术名著丛书”，为系统地了解、研究历代思潮和各种流派，更好地进行学术文化积累，创造了便利的条件，也是改革开放以来规模最为宏大、品格高端卓拔的一套汉译名著。

2016年已累计推出15辑650种汉译世界学术名著。其中，哲学类226种，历史、地理类126种，政治、法律、社会学类158种，经济学类127种，语言学类13种。

汉译世界学术名著丛书（分科本·历史）

汉译世界学术名著丛书珍藏本

2005

影印文津阁“四库全书”

影印本文津阁“四库全书”

2005年末，商务印书馆耗时四年出版影印文津阁“四库全书”，以500巨册公开发行，成为中国首次由政府正式批准印行的大陆所藏“四库全书”。

“四库全书”是中国乃至世界历史上规模最大的一套图书集成，历时十年编纂，囊括了从先秦到清乾隆历代所有的重要典籍，涵盖了古代中国几乎所有的学术领域。

文津阁“四库全书”是各版“四库全书”中保存最为完整、学术价值最高的一部，至今仍是原架、原函、原书一体存放保管。

此次影印，全程采用数字出版复制技术。

1920年以来，商务印书馆曾经有六次倡议筹印“四库全书”计划。

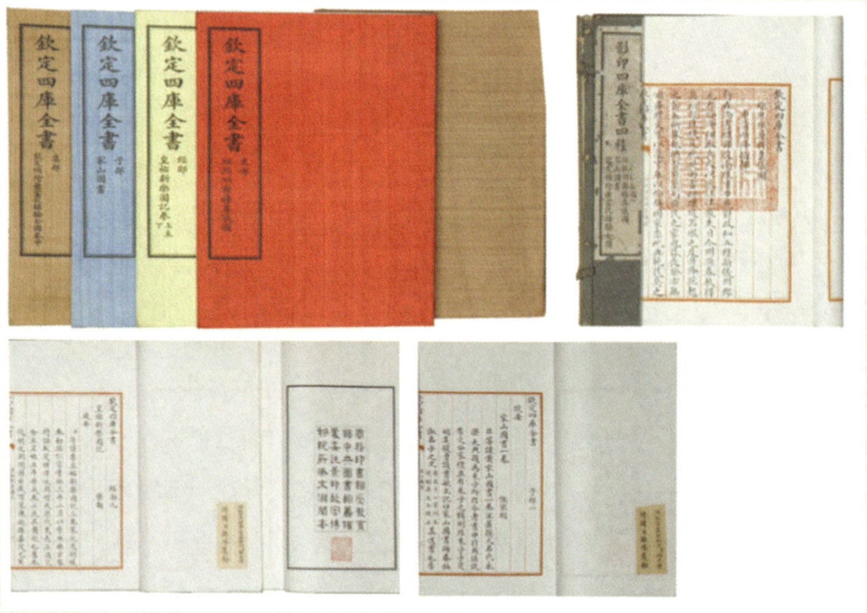

1920年商务印书馆筹印的部分“四库全书”

2008

继续前行

2008年，王涛任商务印书馆总经理。2010年，于殿利任总经理。

张元济曾留有“数百年旧家无非积德，第一件好事还是读书”之句。自1897年开始，商务印书馆以“昌明教育，开启民智”为己任，致力于“服务教育，引领学术，担当文化，激动潮流”，以优秀书刊的出版业绩，体现坚守品质、创新进取、不忘使命的精神，为中国教育、文化和出版事业作出了贡献。

商务印书馆经历了夏瑞方、张元济、王云五、陈翰伯、陈原、林尔蔚、杨德炎、王涛等出版业领军人物的管教，而今正在于殿利总经理的率领下，继续前行。

王涛

于殿利

后记

汪耀华

商务印书馆，中国唯一一家跨越三个世纪，历经120年岁月的出版机构，它的创立标志着中国近现代出版的开始，它的经历折射着中国近现代文化和中国近现代历史的命运，它的屹立象征着中国出版事业的生生不息！

关注商务，触摸商务并且留恋商务，是我多年来的一个愿望。2017年年初，有幸受邀策展并撰文《起点：中国现代出版——纪念商务印书馆创办120周年》，这个展览是由上海市静安区文化局、静安区文物办公室和商务印书馆有限公司在静安区天通庵路190号的商务印书馆第五印刷所旧址修复之际举行的。

感谢主办单位静安区文化局张众、杨继光、刘红骅、马幼炯，承办单位刘亚军、柯兆银、张克平，布展单位姚家鼒、陆一杰等诸位的鼓励，给了我一个可以重阅旧藏、梳理商务120年发展脉络的机会，甚至还可以较多地以个人视角显示史实。

2017年3月，承杨柏伟兄的鼓励，我编出了一册《商务印书馆史料选编（1897—1950）》。

今次，重拾此次展览的图文，配以数万言当事人当年的记录，汇成一册，希望对商务印书馆、中国现当代出版史的史料留存和传承尽点个人的努力。

我一直努力发掘刊布一些史料，少些应景应时的发挥，由此也继续期待同道的匡正。

2019年6月12日

| 参阅书目 |

《谈书笔录》| 汪耀华著 | 1991年3月学林出版社出版

《写在书的空白处》| 汪耀华著 | 1996年12月吉林美术出版社出版

《书香的故事》|《上海新书报》编辑部编 | 2001年9月上海三联书店出版

《上海老书店》（明信片）| 汪耀华编著 | 2002年1月上海书画出版社出版

《书香圣殿——法兰克福国际书展》

| 汪耀华摄影 / 文 | 2002年2月上海书店出版社出版

《书香的故事：续编本》|《上海新书报》编辑部编 | 2003年1月学林出版社出版

《书城视线》| 汪耀华著 | 2003年4月上海科学技术文献出版社出版

《上海新书店》（明信片）| 汪耀华编著 | 2004年1月上海科学普及出版社出版

《书店风格》| 汪耀华著 | 2004年2月河北教育出版社出版

《书香的踪迹》（明信片）| 汪耀华编著 | 2004年7月上海科学普及出版社出版

《书展》| 汪耀华编著 | 2004年7月文汇出版社出版

《书道》| 汪耀华编 | 2005年9月上海文化出版社出版

《书香》| 汪耀华主编 | 2005年9月上海文化出版社出版

《书街——上海福州路文化街长卷》| 汪耀华主编 | 2006年1月上海文化出版社出版

《2002年上海书业信息手册》

|《上海新书报》编辑部编 | 2006年6月上海交通大学出版社出版

《民国书业经营规章》| 汪耀华选编 | 2006年8月上海书店出版社出版

《十年书梦》| 汪耀华著| 2007年11月上海人民出版社出版

《出版空间：理念与实务构架》| 汪耀华著| 2009年9月上海大学出版社出版

《上海书业同业公会史料与研究》

| 汪耀华编著 | 2010年7月上海交通大学出版社出版

《留在笔下的新华书店》| 汪耀华著| 2010年7月上海交通大学出版社出版

《书香传承——上海书业旧事》| 汪耀华编 | 2011年4月上海人民出版社出版

《上海书业名录》（1906—2010）| 汪耀华编 | 2011年6月上海书店出版社出版

《书景》| 汪耀华著 | 2011年8月上海文化出版社出版

《理想书房——样本与文本》

| 舒亦主编、汪耀华等撰文| 2012年8月上海辞书出版社出版

《上海老书店地图》| 汪耀华编纂 | 2012年8月中华地图学社出版

《书摘，编辑的眼光》| 汪耀华等著 | 2012年8月上海文化出版社出版

《这些年，我经历的上海书展》| 汪耀华著 | 2014年2月上海文化出版社出版

《“文革”时期上海图书出版总目》（1966—1976）

| 汪耀华编 | 2014年4月上海辞书出版社出版

《1843年开始的上海出版故事》| 汪耀华著| 2014年6月上海人民出版社出版

《阅读纪事》| 汪耀华著| 2015年7月上海书店出版社出版

《“新青年”基本读本》| 汪耀华选编 | 2015年9月上海书店出版社出版

《“新青年”广告研究》| 汪耀华著| 2016年4月上海书店出版社出版

《留存着的书业时光》| 汪耀华著| 2016年7月上海书店出版社出版

《这些年，名家眼中的上海书展》| 汪耀华编 | 2016年8月上海书店出版社出版

《这些年，我经历的上海书展》（增订本）

| 汪耀华著 | 2016年8月上海书店出版社出版

《商务印书馆史料选编》（1897—1950）| 汪耀华编 | 2017年3月上海书店出版社出版

《中国近现代出版法规章则大全》| 汪耀华编著 | 2018年1月上海书店出版社出版

《最美书海报——2018上海书业海报评选获奖作品集》

| 汪耀华主编 | 2019年4月上海教育出版社出版

《中国出版家·黄洛峰》| 汪耀华著 | 2020年3月人民出版社出版

《上海出版简史》（1978–2018）| 汪耀华著 | 2020年3月上海书店出版社出版

图书在版编目（CIP）数据

商务印书馆简史：1897—2017 / 汪耀华著. -- 上海：上海书店出版社，2020.3

ISBN 978-7-5458-1854-3

Ⅰ. ①商… Ⅱ. ①汪… Ⅲ. ①商务印书馆－历史－1897-2017 Ⅳ. ①G239.22

中国版本图书馆CIP数据核字（2020）第020658号

责任编辑：何人越

封面设计：王　蓓

商务印书馆简史：1897—2017

汪耀华 著

出　版　上海书店出版社

（200001 上海福建中路193号）

发　行　上海人民出版社发行中心

印　刷　上海丽佳制版印刷有限公司

开　本　890×1240　1/32

印　张　7.25

版　次　2020年3月第1版

印　次　2020年3月第1次印刷

ISBN 978-7-5458-1854-3/G·151

定　价　60.00元